世界宗教

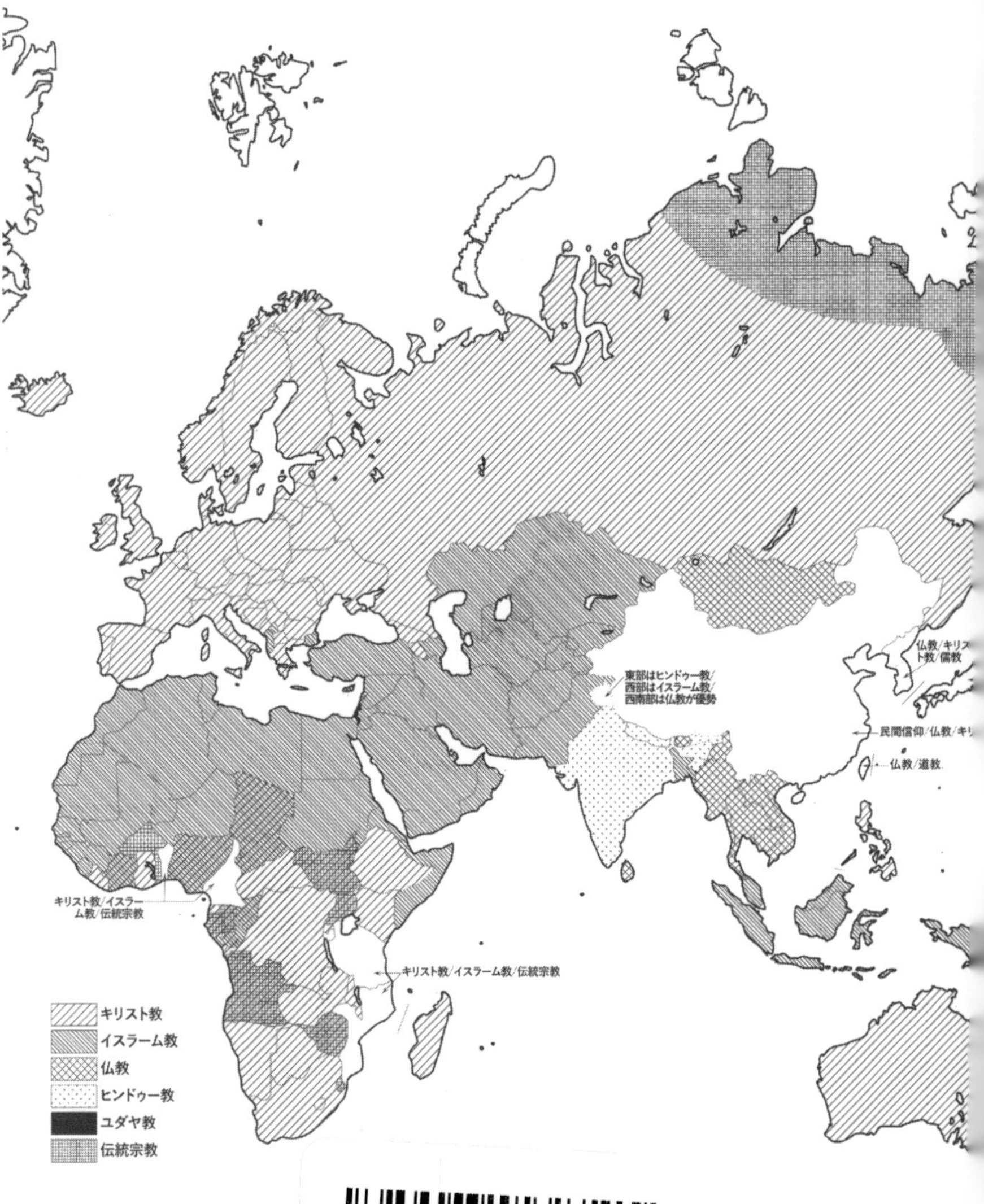

仏教/キリス
ト教/儒教
東部はヒンドゥー教/
西部はイスラーム教/
西南部は仏教が優勢
民間信仰/仏教/キリ
仏教/道教
キリスト教/イスラー
ム教/伝統宗教
キリスト教/イスラーム教/伝統宗教
キリスト教
イスラーム教
仏教
ヒンドゥー教
ユダヤ教
伝統宗教

島田裕巳の世界宗教史入門講義

世界史が苦手な娘に宗教史を教えたら東大に合格した

島田裕巳

もくじ

はじめに　8

第1講　なぜ世界史に宗教の知識が必要なのか　12
世界史の鍵は宗教にある／イスラーム教とキリスト教の対立／宗教は個人が選ぶものではなく、地域によって定められる／同じ神を信仰する三つの宗教（ユダヤ教・キリスト教・イスラーム教）／世界史で取り上げられる主要な宗教／宗教が歴史を動かす

第2講　東大の入試をどのように考えればいいのか　26
偏差値がすべてを決める？／東大入試は、出題の仕方が50年前と変わらない、その理由とは？／東大の記述式問題に「正解はない」／受験勉強をするときの盲点／採点の基準はどこにあるか？／第一に「分かる文章を書く」こと／宗教が持つ二つの役割／**コラム**「宗教と芸術」

第3講　世界の宗教は一神教と多神教に分けられる　42
宗教の発生と言語／世界の「三大宗教」／世界史で扱われる12の宗教／世界宗教と民族宗教／一神教はどこからはじまったのか？／「帝国」を拡大する役割を果たした宗教／世界史の中で頻繁に起こった宗教対立

第4講　アケメネス朝ペルシアとゾロアスター教　56
映画『ボヘミアン・ラプソディ』から考える／古代オリエント／ゾロアスター教のシンボル「フラワシ」とは何か？／「善悪二元論」と宗教の歴史／ゾロアスター教の繁栄と衰退

第5講　ギリシア哲学は後世に多大な影響を与えることになる　70

ギリシア文明の繁栄とポリス／アレクサンドロス大王の遠征／ギリシアの宗教の特徴（多神教）／哲学の発展／アリストテレス哲学の学問への影響／**コラム**「宗教と巡礼」

第6講 **ローマ帝国が広めたキリスト教** 86
帝国の誕生／ローマ帝国と宗教／ユダヤ教の改革運動としてはじまったキリスト教／教皇と皇帝との関係／キリスト教とユダヤ教・イスラーム教との間にある重大な相違

第7講 **古代におけるインドの宗教** 100
東洋の宗教と西洋の宗教／インドと中国の宗教観の根本的な違い／カースト制度とヴァルナ制・ジャーティ／バラモン教の歴史、仏教の歴史／ジャイナ教、ヒンドゥー教の歴史

第8講 **古代における中国の宗教** 114
儒教・道教は宗教か？／仏教における大きな変化／仏教の経典は、ブッダ没後に書かれた／儒教・道教と仏教との対立／**コラム**「宗教と哲学」

第9講 **仏教は中国化しインドからは消滅する** 128
キリスト教、仏教、それぞれの布教の仕方／独自な発展を示し、様々な宗派が生まれた中国の仏教／なぜ仏教は発祥の地で消滅してしまったのか？／神話が聖典と同じ役割を果たす

第10講 **イスラーム教の誕生とイスラーム帝国の拡大** 142
イスラーム教はいかにしてはじまったか？／イスラーム教の教えの根本にあるもの／イスラーム教の共同体「ウンマ」の拡大／正統カリフの時代から宗派の分裂、そして勢力拡大へ／科学や哲学を発展させたイスラーム文明／

コラム「宗教と文学」

第11講 西ヨーロッパとローマ・カトリック教会の成立 156
東ローマ帝国と西ローマ帝国――分裂したローマ帝国／「原罪」の教義／アウグスティヌスの回心、原罪の強調／人々を救う力を唯一持つキリスト教会／唯一の世界組織としてのローマ・カトリック教会／**コラム**「宗教と政治」

第12講 ギリシア正教会と聖なるロシア 170
1900年以上つづいた「ローマ帝国」／ギリシア正教会の特徴／聖像禁止令とイコン／ロシア正教会とロシア帝国の拡大

第13講 叙任権闘争と十字軍 184
中世西ヨーロッパにおける二つの権力／教会権力と世俗の権力との争い／第1回十字軍派遣――巡礼・贖罪のための旅／イェルサレム王国の樹立／イスラーム教側から見た十字軍／野蛮なキリスト教勢力vs高度な文明を誇るイスラーム教勢力／「スコラ学」を発展させたトマス＝アクィナス／**コラム**「宗教とテレビ」

第14講 モンゴル帝国と宗教 200
モンゴル高原の統一、帝国の拡大／アジアとヨーロッパが一つに結ばれる／モンゴル帝国を旅した旅行家／モンゴル人のイスラーム教への改宗／イブン＝タイミーヤの戦い、ジハードのための論理／原理主義の源流ワッハーブ派の台頭／**コラム**「宗教と経済」

第15講 中国の変遷と華夷思想 216

仏教15%、キリスト教2.5%、イスラーム教0.5%／儒教が果たしてきた重要な役割／科挙制度と漢字文化の導入／元の建国から滅亡、明朝の誕生へ／キリスト教と世界地図の伝来／宗教的組織による反乱と清の滅亡／**コラム**「宗教と帝国」

第16講 **新たな帝国の誕生と大航海時代の到来** 232

オスマン帝国が与えたはかりしれない影響／ビザンツ帝国の滅亡とイスラーム教勢力の拡大／バルカン半島における宗教をめぐる複雑な状況／イスラーム教のインドへの浸透／大航海時代の最初の主役――スペインとポルトガル／くり返された〝征服者〟による大虐殺／**コラム**「宗教と食事」

第17講 **ルネサンスと宗教改革** 248

大航海時代によって増した伝染病の脅威／商業の発展がもたらしたもの／芸術、科学、技術が発達した時代／カトリック教会に対する批判の高まり／キリスト教の新しい流れ「プロテスタント」／神を絶対の存在として信仰することへ戻る／中世から近世へ、戦争の時代へ／**コラム**「宗教と商売」

第18講 **新大陸と革命の時代** 264

アメリカ大陸の「発見」／キリスト教の新大陸への布教と奴隷貿易／近代民主主義政治の基本原理としての独立宣言／信仰復興運動から生まれた福音派／フランス革命と「人権宣言」の採択／宗教と世俗の権力との間の衝突／**コラム**「宗教と宇宙」

第19講 **近代の世界と宗教** 278

神への信仰が弱体化するなかで宗教が果たす役割とは／キリスト教文明に遅れをとったイスラーム教文明／石炭

——から石油へ、中東諸国の発言力が高まる／ロシア革命／社会主義政権の誕生／宗教に対する政治的抑圧（ロシア・中国の場合）／信仰をめぐる急激な変動

第20講 宗教は世界史とどうかかわるのか 292

——帝国の拡大と衰退、滅亡、そして宗教は…／秩序の維持／秩序への挑戦——宗教の役割／受験勉強と、大学の授業／僕の先生の思い出／大学で何が待ち受けているのか

おわりに——結果はどうだったのか？ 304

参考文献 307

索　引 318

はじめに

娘が「世界史は苦手だ」と言い出した。

高校の3年生になったばかりのことだ。娘は東京都内の進学校に通っていて、東京大学を受験するという。

東京大学は私の母校である。私は1972年に東京大学の文化三類に入学し、文学部の宗教学科に進んだ。宗教学科というのは俗称で、正式には宗教学・宗教史学専修課程という。学部を卒業した後、大学院に入り、修士課程から博士課程へと進んだ。

私が大学院生だった時代は、博士論文を書く慣習が成立していなかった。むしろ、博士論文など書くものではないという風潮だった。教わった教授たちも博士号を持つ人は少なかった。だから、博士課程には5年間も在籍していたのに、博士号は取得できなかった。博士課程は5年間しか在籍できない。私は正式には、「単位取得の上満期退学」と言うらしい。

私も世界史は苦手だった。

好きではなかったというのが本当のところかもしれない。高校3年生になったときには、世界史の授業もあったが、授業にはほとんど出なかった。もっとも興味のないほかの授業も出なかったから、世界史だけ特別に避けたわけではない。出席は1時限目しかとらないので、2時限目から出なくても欠席にはならなかった。

したがって、娘に世界史を教えることはできない。けれども、宗教についてなら教えられる。世界の歴史を見ていく上で宗教はとても重要で、実際、受験問題には宗教のことが頻繁に出題される。それも、世界史の教科書では宗教について取り上げられることが多いからだ。

世界史が苦手だった私は、社会科の受験科目として日本史と政治経済を選択した。現在の東京大学の試験には政治経済はなく、世界史、日本史、地理から二つを選ばなくてはならない。

日本史の場合、試験には宗教のことはほとんど出てこない。教科書でも文化史の枠組みのなかで取り上げられるが、歴史の本筋にかかわるものとしては扱われない。宗教学者になった私からすれば、「それはいかがなものか」と正直思う。日本史においても宗教は相当に重要な役割を果たしているからだ。

なぜ世界史と日本史で宗教の扱い方が違うのか。これ自体興味深い事柄で、理由を考えてみるのも重要だが、現実がそのようになっているのだから仕方がない。

そこで私は、世界史の苦手な娘に宗教について教えることにした。世界史のなかにはさまざまな宗教が登場し、重要な役割を果たしているわけだが、まとまって宗教について学ぶようにはなっていない。案外そこが盲点になっているのではなかろうか。

親としては、出来れば娘の希望をかなえてやりたい。それに、志望校は自分が長く通っていた大学だ。

この本は、私が娘に対して行った講義がもとになっている。果たしてこの講義が娘の受験に役立ったのかどうか。その点については分からない。けれども、娘が受験したときにも宗教にかんする問題が出たのは確かだ。

ただ、私も宗教学を専門としているので、しばしば話は脱線した。教科書に出ていない、つまりは入試問題に出ない事柄にまで踏み込むことも少なくなかった。そのため、「そこは余計でしょう」と、娘にたしなめられることもあった。

これは致し方ないところだけれど、教科書で扱われないことも宗教を理解する上では必要だったりする。それに東京大学の入試問題というのは特殊で、余計なことを答えても、それを受け入れてくれる可能性がある。その点も重要なので、講義のなかでふれることにする。

何はともあれ、講義をはじめてみることにしよう。

第1講

なぜ世界史に宗教の知識が必要なのか

世界史の鍵は宗教にある

では、宗教についての講義をはじめることにしましょう。
なぜ世界史が苦手な君に対して宗教について教えなければならないのか。
それは単純です。
世界史では宗教についての設問がとても多いからです。

たとえば、実際の東大の入試問題を見てみればいいね。世界史（2020年）の第3問の問（4）は次のようになっています。

10世紀頃から、イスラーム教が普及した地域では、修行などによって神との一体感を求めようとする神秘主義がさかんになった。その後、12世紀頃から神秘主義教団が生まれ、民衆の支持を獲得した。その過程で、神秘主義を理論化し、スンナ派の神学体系の中に位置づけるなど、神秘主義の発展に貢献したことで知られる、セルジューク朝時代に活躍したスンナ派学者の名を記しなさい。

ここでイスラーム教について出ているわけだけど、正解は「ガザーリー」だね。第3問は10個の問から構成されていますが、ほかにも、儒教の孔子を批判した集団についてや、道教の革新派を答えさせる問題が出ています。イスラーム教については、問（4）を含めて、なんと4つの問題が関係しています。

もうこれだけでも、世界史の問題を解く上で宗教がいかに重要であるかが分かると思うけれど、2018年の問題になると、第2問全体が宗教に関係していました。それは、「現在に至るまで、宗教は人の心を強くとらえ、社会を動かす大きな原動力となってきた。宗教の生成、伝播、変容などに関する以下の3つの設問に答えなさい」というもので、仏教、ジャイナ教、キリスト教についての問題が出ています。

世界史の鍵は宗教にある。

そう言っても間違いないんじゃないだろうか。

イスラーム教とキリスト教の対立

では、どうしてそうなるのだろうか。

そこが問題だね。

文明の衝突

この点を考える上で参考になるのが、アメリカの**サミュエル・P・ハンチントン**[1]という政治学者が書いた『文明の衝突』という本だね。

この本は、1996年にアメリカで出ていて、日本語訳もすぐに出ました。それだけ重要だと見なされたからですが、その5年後の2001年に、アメリカで「同時多発テロ(9・11)」が起こった。それでイスラーム教とキリスト教の対立ということが言われるようになり、改めてこの本に注目が集まりました。

果たして9・11を文明の衝突としてとらえていいのかは議論のあるところだけれど、当時のアメリカの大統領、ジョージ・ブッシュは、テロとの戦いを「十字軍」と表現していたから、そうした側面があったことは否定できないかもしれないね。

ハンチントンは、『文明の衝突』のなかで世界の文明を八つに分けて説明しているんだ。

八つの文明

中華文明、ヒンドゥー文明、イスラーム文明、日本文明、東方正教会文明、西欧文明、ラテンアメリカ文明、アフリカ文明の八つだ。

日本を独立した文明として扱っている点に特徴があって、僕ら日本人としては興味を引かれるところだけれど、重要なのは八つの文明が宗教を背景にして分けられているということだね。

中華文明の場合には、現在は中国共産党が支配していて、社会主義・共産主義のイデオロギーが基盤になっているけれど、それまでは、土着の道教、儒教、そ

1　サミュエル・P・ハンチントン（1927〜2008）アメリカの政治学者。著書『文明の衝突』で冷戦後の世界をイデオロギーの対立ではなく文明の対立として描いた。

れに外来の仏教が入り交じった形で信仰されてきた。今でも、そうした宗教の力は大きくて、共産党の側も宗教をいかに管理するかでいろいろな方策をめぐらしてきているわけだね。

ヒンドゥー文明、イスラーム文明、東方正教会文明となれば、そのまま宗教が文明を分ける基準になっている。

西欧文明とカトリック

西欧文明はキリスト教のカトリック教会とプロテスタントが基盤になっていて、ラテンアメリカ文明もカトリックが中心になっている。

もっとも最近のラテンアメリカでは、プロテスタントの福音派が大幅に信者を増やしていて、カトリックの信者が減っているんだ。日本ではあまり注目されていないけれど、カトリック教会はそれに強い危機感を抱いている。宗教の世界も激しく動いているわけだけれど、まあこのことは教科書には取り上げられないし、入試には出ないだろうね。

アフリカ文明の場合には、宗教が基盤になっているとは言えないところがあります。北部はイスラーム教が支配的で、南部はキリスト教が強い。しかも、キリスト教は最近増え続けている。それに、土着の宗教が依然として力をもっているから、アフリカ文明が一つの宗教を基盤としているわけじゃない。けれども、アフリカ大陸は地理的に独立しているから、ハンチントンもアフリカ文明としてとらえるしかなかったのかもしれないね。

というわけで、文明を分けるというときには、どうしても宗教が重要なものになってくるわけです。

日本人の宗教観

宗教は個人が選ぶものではなく、地域によって定められる

宗教というのは、個人が信仰する、個人が選ぶものだという感覚が強いかもしれない。けれど、実際には地域というものが基盤になっていて、その地域に生まれた人間は、そこに広まっている宗教の影響をどうしても強く受ける。

ヒンドゥー文明のなかに生まれればヒンドゥー教の信者になり、西欧文明のなかに生まれればキリスト教の信者になる。イスラーム文明でもそれは同じだ。

日本の場合だと、土着の神道と外来の仏教の影響が強い。両方とも日本の社会に深く浸透していて、中世には「神仏習合」という形で神道と仏教が融合していた。明治時代になって、「神仏分離」が行われた結果、神道と仏教は別々の宗教として扱われるようになったけれど、日本人が自分たちを無宗教だと考えるのも、

神道と仏教のどちらかを選べと言われても、それが難しいからだという面がある。果たして僕らは宗教を自分で選べるのかどうか、それは大いに問題になるところだ。

たとえば、日本だと、子どもが生まれると「初参り」という行事をやることが多い。初参りは「お宮参り」とも呼ばれるように、産まれて1ヵ月をめどに、赤ん坊をつれて家族で神社に出かけていき、そこで参拝をする行事だ。

日本人は皆、これは社会的な慣習だと考えていて、宗教にはかかわらないと思っている。けれども、神社は立派な宗教施設で、参拝することは宗教行為にあたる。初参りによって、赤ん坊はその神社の氏子、つまりは信者になったと見なされるわけだから、お宮参りが宗教と深くかかわっているのは間違いがない。

はっきりとした信仰を持っている家になれば、神社に初参りはせず、仏教の信者ならお寺に、キリスト教の信者なら教会に行くことが多い。キリスト教の信者の家庭が神社に初参りに出かけることは、ほとんどないし、新宗教の家庭でもそうしたところがある。

幼児洗礼

キリスト教のカトリックだと、「幼児洗礼」というものがあって、教会の神父が産まれたばかりの赤ん坊に洗礼を施すことになるけれど、洗礼もキリスト教に入信し、その信者になったという意味がある。赤ん坊はまだ分からないから自分で信仰を選んだわけじゃない。親が選んだんだね。

日本国憲法では、「信教の自由」が保障されているはずだけれど、これをさして、それが侵されたと考えられることはほとんどない。そうしたことはカトリックの信仰が広がった国では当たり前のように行われている。

信仰告白

イスラーム教にも、「信仰告白」というものがあって、それが信者になるための儀式になっているけれど、イスラーム教が広がった地域では、産まれた子どもは自動的にイスラーム教の信者になるのであって、信仰告白をするかどうかなんて問われない。

このように宗教は、必ずしも個人が選ぶものでなくて、地域によって一つに決まっている面がある。そうなっているからこそ、それぞれの地域で信者が再生産されていくわけだね。

同じ神を信仰する三つの宗教（ユダヤ教・キリスト教・イスラーム教）

世界の歴史を考えてみても、宗教のない国や民族というものは存在しないと言っていい。宗教の起源をどこに求めるかはかなり難しい事柄だけれど、宗教なしの国や民族なんてものはあり得ない。それも、宗教がいかに重要かということの一つの証拠になっている。

ただ、日本に生活していると、なかなか宗教の重要性に気づかない。すでに指摘したように、日本では「自分は無宗教だ」と言う人が多い。とくに、君のような若い世代だと、大半が自分は無宗教だと考えている。

もっともこれは世界的な傾向で、日本だけのことじゃない。どの国や地域でも、年齢を重ねると信仰を持つようになる人たちが増えていく。とくに自分の死を意識するような年齢になると、信仰もぐっと身近なものになってきたりするんだ。

それでも、日本に生活していると、宗教を意識することが少ないのは事実だね。それも、違う信仰を持つ人たちが身近にいないせいもある。最近では、日本の街中でも、スカーフを被ったイスラーム教徒の女性の姿を見かけるようになったけれど、これが西ヨーロッパになると、イスラーム教が広がった地域からの移民が急増していて、キリスト教徒とイスラーム教徒が共存しているような状態になっている。

共存する宗教

日本では、イスラーム教の礼拝施設であるモスクはさほど多くないけれど、西ヨーロッパではかなり増えている。逆に、西ヨーロッパではキリスト教が衰えているので、キリスト教の教会がモスクに売られるなんてことも当たり前のように起こっているんだ。

中東のイスラエルにはイェルサレムという都市がある。そこはユダヤ教、キリスト教、イスラーム教が発祥した場所でもあり、大昔から異なる信仰を持つ人たちが一緒に生活してきた。

イェルサレムの街のなかには、ユダヤ教徒が祈りを捧げる「嘆きの壁」があり、そのすぐそばにはイエス・キリストを葬ったとされるキリスト教の「聖墳墓教会」がある。さらには、イスラーム教の預言者ムハンマドが一夜にして昇天したとされるところには「岩のドーム」と呼ばれるモスクが建っている。

一神教

この三つの宗教は、どれも一神教で、この世界を創造した唯一絶対の神を信仰の対象にしているわけだけれど、基本的には同じ神を信仰していると考えていい。

イスラーム教では、神のことを「アッラー」と呼ぶけれど、これは神の固有名詞ではなくて、アラビア語で神をあらわす普通名詞なんだ。

その神は、ユダヤ教徒が信仰する神でもあるし、キリスト教徒が信仰する神でもある。同じ神を信仰しているにもかかわらず、信仰の仕方はこの三つの宗教で大きく違う。そして、信仰をめぐって対立も起こってきた。そうした面を頭に入れておかないと、世界の歴史を十分には理解できないことになる。

世界史で取り上げられる主要な宗教

世界史で取り上げられる主要な宗教ということになると、こうしたユダヤ教、キリスト教、イスラーム教のほかに、仏教、バラモン教、ヒンドゥー教、ジャイナ教、儒教、道教、ゾロアスター教、それに日本の神道がある。かつては力を持っていたけれど、今は事実上消滅してしまったマニ教という宗教もある。インドのシク教なども取り上げられることがあるね。

宗派・分派

他にも宗教はあるけれど、主要なものになると、このように限られている。ただ、それぞれの宗教のなかには宗派や分派というものがあって、その点ではかなり複雑だ。

キリスト教の宗派だと、カトリック、プロテスタント、ギリシア正教が主だったところで、イスラーム教だとスンナ派とシーア派に分かれている。仏教だと部派仏教と大乗仏教に分かれている。その違いがどこにあるのか、それについても学んでおかないといけない。

日本に生活していると、カトリックとプロテスタントの違いについては意識することがあるかもしれないけれど、ギリシア正教になると信者が少ないせいもあって、それについて知る機会は限られている。東大の本郷キャンパスに近いお茶の水には、ニコライ堂があるけれど、そこは日本のギリシア正教の教会だ。

イスラーム教のスンナ派とシーア派がどう違うのかとなると、皆目見当がつかないだろうね。イスラーム教については、なかなか知る機会がないからね。

イスラーム教は中東、アラブの宗教だというイメージが強いかもしれないけれど、現在では、むしろ東南アジアや南アジアの方がはるかに信者が多い。世界最大のイスラーム教の国はインドネシアで、2億人も信者がいる。

インドの場合、ハンチントンの分類ではヒンドゥー文明ということになり、ヒンドゥー教が基盤になっているわけだけれども、イスラーム教の信者も実は少なくない。

ヒンドゥー教VSイスラーム教

戦後、イスラーム教徒の数が多かったパキスタンとバングラデシュがインドから独立したんだけれど、インド国内にはそれ以降も相当の数のイスラーム教徒が生活している。インドは、インドネシア、パキスタンに次いでイスラーム教徒の人口が多い国でもあるんだ。そのために、ヒンドゥー教徒とイスラーム教徒の間で対立が起こったりする。宗教をめぐっては、こうした異なる宗教同士の対立や融合ということがどうしても大きな問題になってくる。

宗教が歴史を動かす

日本における宗教対立

なんで宗教をめぐって争わなければならないのか。自分たちを無宗教だと考えている日本人は、そう考えがちだ。

けれども、歴史を振り返ってみるならば、日本でも宗教対立が起こったことは間違いない。

たとえば、織田信長が天下統一をめざしていた戦国時代、仏教は一大勢力で、とくに比叡山延暦寺と、奈良の興福寺の力が強かった。

信長は、延暦寺の力を削ぐために比叡山を焼き打ちにしたと言われる。これについては、本当にそうだったのかどうか議論があるところだけれど、興福寺などは鎌倉時代から室町時代にかけて大和国、今の奈良県内のほとんどの土地を寄進され、そこを事実上支配していた。お寺が領主だったわけだ。

一方京都では、今で言う日蓮宗、当時の法華宗が町衆の間に広がっていたし、浄土真宗の本願寺も勢力を拡大していた。法華宗と浄土真宗が争うこともあったし、信長は石山合戦で本願寺と長い戦いを強いられた。

このように日本でだって宗教同士、あるいは世俗の権力と宗教が激しく対立することがあった。もし、日本がどこかの国と地面の上で国境を接していたとしたら、そうした機会ははるかに増えていたに違いない。実際、鎌倉時代にはモンゴルに攻められたからね。

世俗の権力と宗教

宗教が歴史を動かす。だから、世界史で多く取り上げられる。

それだけ宗教が重要なものであるわけだから、世界史を学ぶ上で宗教について知っておく必要は是非ともあるわけだ。

この点は、実際に世界の歴史のなかで宗教がどういう働きをしたかが理解できるようになれば、納得できるようになるんではないだろうか。

取りあえず、今日のところはここまでとしておきましょう。

第2講

東大の入試をどのように考えればいいのか

偏差値がすべてを決める？

本格的な宗教についての講義に入る前に、君のめざしている東大の入試について考えてみることにしよう。

僕が受験したのはもう50年も前のことになるんだけれど、その頃と今とでは大学入試をめぐる状況は随分変わったね。

まず、今は志望校を受ける前に、「共通テスト」を受けることになるわけだけれど、僕らの頃にはそういうものはありませんでした。東大の場合、1次試験と2次試験に分かれていて、1次に受からないと2次を受けられない仕組みになっていた。

それから、なんといっても大きく違うのは、「偏差値」というものがなかったことだね。今は、どの段階の入試でも偏差値ということが言われて、模試なんかでどの程度の偏差値かで受験先を決める人が多いね。

でも、僕らの頃は、この偏差値そのものがなかった。

もちろん、その頃でも、東大は、京大と並んで大学のなかでも一番入るのが難しいと言われていたけれど、どれほど難しいのか判断する基準がなかった。他の大学も、偏差値がないから、序列化されるようなこともなかったわけだ。「GMARCH」やら、「日東駒専」やらがどうだこうだということがなかった。

偏差値がどの程度あてになるものなのか、それは問題だよね。

君も実際それを体験している。高校受験したときに、都立の他に、私立を二校受けているけれど、偏差値が低い学校に落ちた。

君は、その学校の試験勉強をしているときから、苦手だと言っていた。その苦手意識がそのまま入試の結果に結びついたわけだけれど、僕は大学を含めて、学校というのは、本人との「相性」が重要なんではないかと考えている。

試験の方法によっては、共通テストの点数だけで合格できたりもするんだけれど、それぞれの大学の入試問題は随分と傾向が違っていて、偏差値とは関係なく、どうしても得手不得手が出てくる。

早稲田の入試問題は勉強しやすいけれど、東大はどうやっていいか分からないという人もいるし、その逆もある。入試というのが、その学校で学ぶにふさわしい学生を採るためのものだとするなら、入試問題がそれを判定するための材料になっているとも言えるわけだ。

これは、東大や京大の特権でもあるけれど、ほとんどの合格者はそのまま入学してくれる。

ところが、僕も前に私立の大学で教えていたけれど、「すべりどめ」ということがあって、入試で高い点数をとった学生はみな他の大学に行ってしまうということが珍しくない。

今では、医学部に合格して東大をけるなんて学生もいるけれど、成績上位の学生がほぼ入学してくれるというのは、他の大学からすれば随分とうらやましい話だ。

だから、東大の場合には、採用したい学生を入試によって選べるわけで、その分、入試問題の作成には力を入れている。

東大入試は、出題の仕方が50年前と変わらない、その理由とは？

今回講義をするにあたって、東大の最近の入試問題を見てみたんだけれど、驚いたことが一つある。

それは、僕が受験したときと、出題の仕方がほとんど変わっていないということだね。大きく変わったのは、英語にリスニングが含まれるようになったくらいじゃないだろうか。

しかも、問題の並べ方もほとんど変わっていない。これは、世界史ではないけれど、英語の第1問が英文を要約する問題だというのは、まったく同じだ。

英語の第1問のことをよく覚えているのは、問題用紙が配られたとき、表紙の紙がけっこう薄くて、問題が透けて見えたんだ。それで、時間がはじまる前から問題を読むことができた。最近でも第1問は、英文の要約で50年前と変わっていないけれど、問題が透けて見えるということはないようだね。

問題の出し方がずっと変わっていないということは、東大が求めている学生が変わっていないということではないだろうか。

東大が求めている学生

東大というのは、近代化をめざした明治時代の政府が作った大学で、戦前は東京帝国大学と呼ばれていた。他にも帝国大学は各地にあって、数が一番多いときには、東京の他に、北海道、東北、名古屋、大阪、京都、九州、それに植民地にした韓国の京城と台湾の台北にあった。

国家としては、遅れて近代化をはじめた日本が、欧米列強に追いつけるよう、それに役立つ人材を早急に養成する必要があった。それを帝国大学が担ったわけで、国家に役立つ人材を育てるという側面が強かった。とくに、官僚になりうる人材を育て上げるということが大きかったんだね。

今は、かなり変わってきたけれど、文科系で主に法学部に進学する文化一類が一番難しいとされてきたのも、法学部からは、昔の大蔵省、今の財務省に就職する人間が多かったからだね。「大蔵官僚」と言えば、国家を動かす有能な人材だ、昔はそうしたイメージが強かった。

そこらあたりのことは随分変わってきたけれど、重要な、そして規模の大きな組織を運営する、そうした能力が東大の出身者に求められているという点は変わらない。

君が無事に東大に合格して、その後、どういった学部に進むかはわからないけれど、僕がいた文学部だってそういう面がある。

これは、随分前の話になるけれど、日本で宗教学の世界的な学会が開かれたことがある。そのとき、東大の宗教学研究室が中心になって大会を運営したんだけれど、それを研究室のスタッフだけでやりとげた。外部に委託しないでね。

東大で学ぶと、そうした事務的な能力が自ずと身についていく。その分、京大のように、ノーベル賞を受賞する学者が輩出しないという問題はあるかもしれないけれどね。

文章の読解力／組み立てる力

そんな東大の入試では、文章の読解力や、文章を組み立てていく力、そうしたことが求められている。文章力は、組織を運営していく上でとても重要だ。

組織にいれば、多くの書類を作らなければならない。でも、それだけではなくて、物事を的確に理解することが一番大事になってくる。本人が本当に正しく理解しているのかどうか、それは文章に書かせてみればよく分かる。曖昧にしか理解していないと、文章も意味が通らないものになってしまうんだ。

だから、東大の入試は記述式が中心になっている。長い文章を読んで、入試にしてはかなり長い文章を書いていかなければならない。それが苦痛にならない、あるいはそれが楽しいと感じられるかどうかは、受験生と東大との相性を考える上でとても重要だ。

東大の記述式問題に「正解はない」

どうですか、記述式の問題は。

「難しい」

そうだよね。たんに知識があるかどうかが問われるわけではないからね。

第1講で例にあげた世界史の第3問は、イスラーム教スンナ派の神秘主義者のことを覚えていないと答えられない。東大でも、もちろんそういった問題が出る。もっとももこれは、共通テストでも必要となるところだから、共通テストの勉強をするなかで覚えていくはずだ。

これが、記述式になると、それだけではすまない。しっかりとした知識を持っていることも必要だけれど、知識だけでは解答できないようになっている。

東大の出題した記述式の問題について、それぞれの予備校が模範解答というものを作っている。過去の問題を集めた「赤本」でも、必ず模範解答がのっている。

模範解答≠正解

　でも、そうしたものを読んでみても、果たしてそれで点数がとれるのかどうか、むしろ反対に点数がとれないのではと思えるものがほとんどだ。東大が求めているものと、模範解答とされるもののあいだにものすごく大きなずれがあるような気がする。

　東大も入試問題の解答は発表しているけれど、記述式の問題については発表していない。配点だって分からない。

　これは僕らの頃にはなかったことだけど、最近は、入試で何点とれたのか、東大が受験生に教えてくれるみたいだね。でも、それぞれの科目の点数は示されても、個々の問題で何点とれたかは分からない。

　そもそも、これはどこかで発表していたことだと思うんだけれど、東大の側は、記述式について「正解はない」と言っていた。

　普通の試験なら、正解というものがあって、それにどれだけ近いかで点数が決まる。

　ところが、東大は記述式の問題には正解はないと言い切っている。これは、採点する際に正解があって、それに従って採点するわけではないということだね。

受験勉強をするときの盲点

たとえば、国語の第1問では、長い文章が引用されていて、何ヵ所か傍線が引かれ、その部分について、「どういうことか、説明せよ」という問いになっている。

普通のやり方だと、傍線の前の部分に出てくることをまとめる形で答えることになるかもしれないんだけれど、東大が求めているのは、傍線部に書かれていることは、「要するに何なのか」ということについての説明だね。

答える側が、その点をしっかりと理解していて、分かりやすいことばで説明することが求められている。

文章の意味の正確な理解

重要なのは、答える側が問われている文章の意味を正確に理解しているかどうかだ。

その上で、分かりやすい文章で説明しなくてはいけない。分かりやすいというのは、要するに、本人が分かった上で書いているかどうかだ。受験勉強をするときに、意外とこの点は考えないいんじゃないだろうか。

文章のなかに出てくることばをつなげて解答するのでは、どうしたって文章が分かりにくくなる。答えている側も、しっくりこないまま書いていることが多い。

国語の第1問だと、終わりの方に、文章の結論となるような部分に傍線が引かれていて、それについて「本文全体の趣旨を踏まえて」説明せよという問題が出てくる。

これは、要するに、問題文全体が何を言っているのか、あなたはそれをどのように理解したのか、はっきりと説明しなさいということだ。

日常の会話でも、何かを説明するとき、長たらしくそれをしても、相手は分かってくれなかったりする。

そのときに、「要するにあなたは何がいいたいわけ」と聞かれたりもする。そこでどう答えるか。入試もそれと同じだ。

採点の基準はどこにあるか？

採点の基準は、採点者がその解答を納得できるのかどうかというところにある。

そんなことを言うと、採点者の考え方によって点数が左右されるように思われるかもしれないけれど、内情は知らないが、複数の採点者が採点して、それを照合していんじゃないんだろうか。

そのとき、採点者が「なるほど」と思えるものだったら満点だ。一人の採点者が満点だと評価できるものは、ほぼ間違いなく、他の採点者も同意する。文章というのはそういうものだ。

重要なのは、東大に限らず、大学の入試問題を作っているのは、大学の先生たちだということ。大学の先生というのは、講義などの教育活動もしているけれど、一方で専門の研究も行っていて、それで論文を書いたり、本を書いたりしている。

研究するときに目指すのは、新しい発見をすることだ。過去の議論を踏まえて、新しい事実を持ってくる、あるいは新しい解釈をすることで、これまでとは違うことを見つけ出そうとする。

新しい発見／新しい解釈

大学の先生は、日頃、そうした活動をしているので、受験生に対してもそうしたことができる能力を求める。とくに東大だとその傾向が強い。

模範解答を作るのは、そうした大学の先生ではなくて、予備校の先生たちだ。予備校の先生は、教えることはうまいかもしれないけれど、ほとんどは研究者じゃない。そこで、大学の先生たちが何を求めているのかということが十分には理解できていない気がする。

第一に「分かる文章を書く」こと

僕は今でも大学で教えていて、学生にレポートを書かせたりするわけだけれど、一番よい成績をつけるのは、学生がはっきりとした考えをもっていて、証拠を踏まえて理路整然と説明してくれているものに対してだ。こちらが予想していなかったような考えを披露してくれるようなレポートはとくに評価が高くなる。課題を出した側は、「なるほどそうか」と思わせてくれるレポートが出てくることを待っているわけだ。

入試でもそれは変わらない。

これは、受験勉強をするなかでだんだんに身につけていけばいいことだけれど、記述式の問題に臨んで、第一にこころがけることは、「分かる文章を書く」ということだね。

分かるということは、他人がそれを読んで、そこに書かれていることの内容を正しく理解できるということだけれど、先ず何より、文章を書いた本人にそのまますんなり理解できるものでなければダメだということだ。

分かりにくい文章とは？


問題文に出てくる単語をつなぎ合わせても、そうはならない。すでに話したように、そうしたやり方をとると、かえって文章は分かりにくくなる。

書いてみて、自分でも何を書いているのか分からないなと感じたら、それはダメだということだね。1回書いた文章はないものとして、新しく書き直す必要がある。

宗教が持つ二つの役割

「宗教改革」の是非

世界史の場合、歴史のなかでさまざまな出来事が起こるわけだけれど、その出来事をどのようにとらえ、評価するかは、立場によって変わってくる。

たとえば、宗教にかかわるものだと、「宗教改革」がそうだね。この出来事は、カトリックの教会が腐敗堕落して、救いを金で買えるようにした免罪符、贖宥状を販売するようになったことで、**マルティン・ルター**[1]という修道士がそれを批判したことからはじまったとされている。

けれども、そうした説明はあくまで、宗教改革によって生まれたプロテスタントの側からのもので、カトリック教会はそのような形ではとらえていない。カトリックの側は、宗教改革自体を評価していない。なにしろ、プロテスタントの誕生は、教会を分裂させる分派活動だったわけだからね。

つまり、同じ歴史上の出来事でも、誰がそれをとらえるかで評価がまるで違ってくる。高校の世界史の教科書だと、それぞれの出来事について評価が定まったような書き方がされていることが多いけれど、必ずしもそうじゃない。世界史の問題を出題する大学の先生は、そうしたことをはっきりと理解している。

だから、受験生が独創的なことを書いたとしても、そこに一定の裏づけがあると考えれば、教科書とは違う答えでも、それを評価するはずだ。

そもそも歴史というものをどのように見ていくのか。世界史を勉強していくなかでは、自分なりの歴史の見方、「歴史観」というものを確立していく必要がある。自分なりの歴史の見方が出来るようになっていた方が解答もしやすいんじゃないだろうか。

宗教ということについても、それは歴史のなかでさまざまな働きをして、世界

1　マルティン・ルター（1483〜1546）16世紀ドイツ最大の宗教改革者。当時のカトリック教会を批判した。1522年に新約聖書のドイツ語訳を出版、その後、旧約聖書のドイツ語訳をすすめ、1534年に全聖書のドイツ語訳を出版する。

がどういう方向にむかっていくかに大きな影響を与えてきた。

そのときに重要なことは、宗教には根本的に異なる二つの役割があるという点だね。

体制維持／批判

一つは、その時々の社会の体制を維持する役割だ。これは、ローマ帝国がキリスト教を国教としてとりいれたところに見られるわけだけれど、帝国に秩序をもたらす上でキリスト教という宗教が利用されたという面がある。

もう一つは、逆に宗教には体制を批判する役割もあるということだ。中国の後漢の時代には、「黄巾の乱」が起こるけれど、これは、太平道という宗教結社による反乱で、これをきっかけに後漢は滅んでいくことになった。

このように、地域や時代によって、宗教が果たす役割も変わる。ただ、どちらにしても、宗教は世界史においてとても重要な役割を果たしている。

というわけで、次の講義から、本格的に宗教について勉強していくことにしようじゃないか。

コラム　宗教と芸術

宗教と芸術は密接に関係している。

たとえば、日本の美術史をふりかえってみると、古代から中世にかけて、そこに出て来るのは皆、仏教関係の美術だ。仏教史がそのまま美術史になっている。

それは、世界全体を考えてみてもそうだし、美術だけじゃない。あらゆる芸術が宗教とかかわっている。日本の能楽がそうだし、ヨーロッパのオペラも宗教をテーマとしたものが少なくない。

ただ、宗教によって芸術との関係は違いがあったりする。ここでは美術を取り上げよう。

キリスト教の世界では、キリスト教美術が発達していて、信仰をモチーフにした作品が沢山作られている。それは、仏教でも同じだ。

ところが、仏教の場合には、仏像が信仰の対象になり、お寺の本尊として祀られていたりするわけだけれど、キリスト教の世界では違う。

聖母子像や受胎告知の場面など、さまざまな画家が作品を残しているんだけれど、それが直接信仰の対象になるわけじゃない。教会に飾られていても、それはあくまで装飾としてで、信者はそれを拝むわけじゃない。そこにはキリスト教が一神教で、仏教がそうではないことが影響しているのかもしれない。

神と仏の違いについては、興味深い比較ができるように思うんだが、どうだろうか。比較宗教美術史の試みはまだ十分には行われていないのかもしれない。

第3講

世界の宗教は一神教と多神教に分けられる

宗教の発生と言語

さあ、いよいよ宗教について見ていくことにしよう。

世界にはさまざまな宗教がある。宗教の存在しない国や民族というものはない。それほど、人間にとって宗教は重要なものだと言えるわけだけれど、逆に、人間以外の生き物には宗教にあたるものがない。

一番人間に近いチンパンジーでも、彼らに信仰があるとは思えないし、それに結びつくような行動をとることはない。人間にだけ宗教があると言えるわけだ。それはおそらく、これもまた人間の特徴ということになるけれど、言語を持っているということが大きいんじゃないだろうか。

チンパンジーについてはいろいろと研究がされていて、彼らが記号を操作できることは分かっている。でも、チンパンジーには音声言語をしゃべる身体的な能力が欠けているから、ことばで会話することができないんだ。

人間の場合、言語を操ることができる。言語のない人間社会というものも存在しない。文字がないところはあるけれどね。言語は、現実をさまざまな形で切り取ってそれを表現するわけだけれど、目で見ることができないものを指し示すことができるということが重要で、それが宗教の発生ということに深く関係している。

宗教の中心に神

宗教の中心には神というものがあるよね。仏教のような宗教だと、必ずしも神は重要なものではないし、ひたすら悟りをめざす禅になれば、神は重視されない。けれども仏教の世界で神の存在を否定しているわけではない。

仏は人間なので、その姿はさまざまな形で描かれてきた。仏教の世界では無数の仏像が造られ、それが本尊として拝まれてきた。

偶像崇拝の禁止

ところが、神の場合には、「人格神」ということで個性や意志を持ってはいるものの、その姿が描かれることは少ない。ほとんどないと言っていいかもしれない。

神の姿を描いてはならないという宗教だってある。それが偶像崇拝の禁止ということになるんだけれど、そのことを強調しない宗教、たとえば日本の神道でも、神の姿は昔からほとんど描かれてこなかった。

姿のない神についても、言語があれば、それを使って表現することができる。あるいは、天国や地獄といった、通常の手段を使って一般の人間が行くことが出来ない世界でも、言語によってその世界がどうなっているかを表現し、説明できる。

世界の「三大宗教」

世界宗教

では、世界にはいったいどれだけの数の宗教があるんだろうか。

大昔、古代の世界では、それこそ文明ごとに、もっと細かく言えば、部族ごとに異なる宗教が存在した。そうなると、相当な数の宗教が存在したことになる。けれども、歴史を経るなかで、有力な宗教が登場し、それが信者を増やすことで「世界宗教」へと発展していくことになったわけだけれど、世界宗教になり得た宗教となれば、それほど数が多いわけではない。

日本では、世界の「三大宗教」ということが言われることが多くて、その場合には、キリスト教、イスラーム教、仏教が三大宗教ということになる。

信者の数ということになれば、キリスト教が一番多くて、次はイスラーム教ということになるけれど、仏教がそれに次ぐというわけじゃない。仏教は、キリスト教やイスラーム教に比べると信者の数はかなり少ないんだ。

なにしろインドのヒンドゥー教や、中国の民間信仰の方が多い。インドも中国も人口が多いから、信者数でははるかに上を行っている。

中国の民間信仰というのは、土着の儒教と道教に、インドから伝えられた仏教が入り交じったものだ。仏教の信者の数は、この二つの宗教の次だから、世界では5番目ということになる。

ユダヤ教

ヨーロッパの人たちに世界の三大宗教をあげてくれと言ったら、きっと、キリスト教とイスラーム教の他にユダヤ教をあげるんじゃないだろうか。

ユダヤ教の信者の数は、世界全体で考えてもそれほど多くはない。だいたい1500万人くらいではないかと思う。日本の人口に比べてもはるかに少ない。その点では少数派の宗教だ。

けれども、ユダヤ教からキリスト教が生まれたわけだし、イスラーム教もユダヤ教の伝統をかなり受け継いでいる。しかも、ユダヤ教を信仰するユダヤ人は、世界の歴史に大きな影響を与えてきた。だから、ユダヤ教は歴史上とても重要な宗教になる。

仏教は宗教か？

ヨーロッパの人たちからすれば、仏教は、神への信仰が希薄なので、宗教としてはとらえられず、むしろ哲学の一種ではないかと見られているところがある。禅なんて、坐禅という修行が中心だから、他の信仰を持っている人間でもいくらでも実践できる。そうした面でも、仏教は宗教とは見なされなかったりするわけだ。

世界史で扱われる12の宗教

ここまであげてきた宗教は、キリスト教、イスラーム教、仏教、ヒンドゥー教、儒教、道教、ユダヤ教ということになるけれど、他に世界史で扱われる宗教としては、ゾロアスター教、ジャイナ教、ミトラ教、マニ教、シク教がある。日本には土着の宗教として神道があるけれど、これは世界史では扱われないね。

神道を除くと、全部で12の宗教だ。世界史の問題を解くには、この12の宗教について知っていればいいということにもなる。その数は決して多くはない。しかも、ミトラ教とマニ教の場合には、一時は栄えたけれど、その後消滅してしまっている。

古代文明独自の宗教

ほかに、古代のそれぞれの文明には独自の宗教があった。エジプトの宗教、オリエントの宗教、ペルシアの宗教、ギリシアの宗教、ローマの宗教、インドの宗教、中国の宗教といった具合にね。

このうち、古代インドの宗教となるとバラモン教と呼ばれたりするし、ペルシアだとゾロアスター教ということになるけれど、エジプトやギリシア、ローマとなれば、固有の名前で呼ばれることはない。

宗教と宗派

ややこしいのは、それぞれの宗教には、宗派が存在することだろうね。それを入れると、数はとたんに増えていく。

キリスト教だと、大きく分けると、カトリック、ギリシア正教、プロテスタントということになる。

しかも、カトリックは一つだけれど、正教会は教科書でもギリシア正教と呼ばれるけれど、ロシア正教やウクライナ正教、セルビア正教などといった具合に国や民族別に分かれているし、プロテスタントだと、それがまたたくさんの宗派に分かれている。イギリスの聖公会は、カトリックから分かれたのでプロテスタントの一つだけれど、儀式のやり方などカトリックに近いところがある。

イスラーム教だと、スンナ派とシーア派が二大宗派になるけれど、シーア派の方は、さらにさまざまな派に分かれている。

仏教だと、部派仏教と大乗仏教に分かれる。部派仏教はインドから東南の方角、東南アジアに広がったものだし、大乗仏教は中国や朝鮮半島、ベトナム、日本などに伝わった。チベットにも伝わったけれど、かなり独特な形に変わったので、チベット仏教と呼ばれることもある。

こうした宗派は、それぞれの宗教のなかで、他の宗派と信仰のあり方が違っていたりするけれど、分かれた経緯があって、対立している面もあったりする。それが世界の歴史に大きな影響を与えているわけで、ヨーロッパでプロテスタントが生まれたときには、カトリックとプロテスタントのどちらを選ぶかで戦争が起こったりもした。

このように、宗教の世界はとても複雑なものになっているので、整理しておく必要がある。宗教同士、どのように違うのか。影響関係はどうなっているのか。宗派に分かれた原因は何か、民族や国家、帝国との関係はどうなっているのか。

基本的な宗教の見方を最初に学んでおかないと、全体をうまく理解できないことになる。

世界宗教と民族宗教

民族固有の宗教

世界の宗教をどのように分類するかでは、世界宗教についてはすでにふれたけれど、それを「民族宗教」と対比させるやり方がある。

民族宗教というのは、民族固有の宗教で、その外側にはあまり広まっていない宗教のことだ。ユダヤ教やヒンドゥー教、あるいは儒教や道教がそれにあたる。ゾロアスター教なども、ペルシア以外にはほとんど広がらなかったので民族宗教ということになるけれど、現在のインドにも信者はいる。ヒンドゥー教も、インドネシアのバリ島には伝わっていて、それはバリ・ヒンドゥーなどと呼ばれ、独特の世界を作り上げているんだけれど、これは世界史では扱われないかもしれないね。

一方、世界宗教というのは、国や民族を超えて広がった宗教のことだ。キリスト教やイスラーム教、そして仏教が中心になる。仏教が、日本で世界の三大宗教に数え上げられることが多いのも、この点が関係している。

キリスト教のはじまり

キリスト教は最初、ユダヤ教の改革運動としてはじまった。**イエス・キリスト**[1]も、その弟子たちも皆ユダヤ人だった。ところが、**パウロ**[2]という、イエスが亡くなった後に弟子になった人間などの手によって、ユダヤ人だけではなく、当時のローマ帝国のなかに広がっていった。これが決定的に重要なことで、これについてはまた第6講で詳しく説明することにしよう。

イスラーム教の拡大

イスラーム教も、最初はアラブ人の宗教だった。聖典の「コーラン」もアラビア語で記されている。それが、ウマイヤ朝、アッバース朝という具合に、イスラーム教の帝国が各地に拡大していくことによって、世界宗教への道を歩んでいくことになった。

仏教も、最初はインドに生まれたわけだけれど、すでに述べたように周辺の地域に広がっていき、世界宗教の道を歩んでいった。

世界宗教になると、信者のいる地域も大いに広がるし、その影響力も大きくなる。その点では、民族宗教よりも世界宗教の方が、宗教としての重要性は増していくということになるね。

ただ、宗教の分類の仕方として、これ以上に重要なのが、「一神教」と「多神教」という分け方になる。

一神教はどこからはじまったのか？

一神教は、この世界を創造した唯一絶対の神を信仰対象にする宗教のことだ。一方、多神教では、そうした絶対的な神を信仰対象にはせずに、多くの神々を崇めている。

どの民族でも、最初は多神教だった。一神教からはじまる宗教はないと基本的に考えていい。

問題は、どこから一神教がはじまるのかということだけれど、候補としては二つある。

1　イエス・キリスト　紀元前4年頃、ローマ帝国の属州ベツレヘムに生まれる。キリスト教始祖。30歳頃、洗礼者ヨハネから洗礼を受け、ガリラヤで宣教をはじめる。12人の弟子達と活動を続けるが、30年頃、ローマ総督により十字架刑に処せられる。

2　パウロ（生年不詳〜64頃）初期キリスト教の伝道者・神学者。ローマ帝国にキリスト教を広めるのに貢献。ユダヤ人でパリサイ派でありながら回心してキリスト教徒に。三回の伝道旅行を行う。その書簡は「新約聖書」に収められる。

一つは、ペルシアに生まれたゾロアスター教で、もう一つがユダヤ教だ。

ゾロアスター教

ゾロアスター教は、善なる光明の神、アフラ＝マズダを最高神とする一神教だととらえることもできる。けれども、アフラ＝マズダと対抗する悪なる暗黒の神、アーリマンの存在を認めているので、厳密には一神教ではないという考え方もできる。

唯一神ヤハウェ

一神教としての性格がよりはっきりしているのが、ユダヤ教だ。ユダヤ教では、唯一の神であるヤハウェを信仰の対象にした。ヤハウェがこの世界を創造したというわけだ。この伝統が、キリスト教やイスラーム教に受け継がれていくことになった。

多神教に分類されるのは、ヒンドゥー教や道教、あるいは世界各国の民族宗教ということになる。仏教の中心は、悟りを開いて仏になった**釈迦**[3]ということになるけれど、バラモン教やヒンドゥー教の影響を受けて、さまざまな神々も信仰の対象になっている。

儒教

儒教の場合、開祖とされる**孔子**[4]は、「怪力乱神を語らず」といって、理性では説明できないような現象については考えないという態度をとったから、多神教とは言えないけれど、道教や仏教と融合している面があるので、多神教の一つと見ることもできる。日本の神道など、「八百万の神々」を信仰の対象としているわけで、多神教の典型だね。

「帝国」を拡大する役割を果たした宗教

一神教について注目しなければならないのは、それが広がった地域にある帝国や国家、政治との関係が密接だということだね。

多神教だと、あまりそうしたことは起こらない。近代になると、多神教がナショナリズムを強化する役割を果たすようになったということはある。インドのヒンドゥー・ナショナリズムや、日本の戦前の国家神道などがそうだ。

けれども一神教になると、人間をはるかに超越し、その運命を左右する強力な神が信仰の対象になるから、現実の世界に対する影響力は自然と大きくなる。イスラーム教の帝国などは、神からそれを広げていく使命を与えられたという形で

3　釈迦　紀元前563年（一説では紀元前463年）、インドの北東部のシャーキャ族に生まれる。仏教の開祖。29歳の頃出家し、35歳で悟りを得る。以来、80歳で亡くなるまでインド各地を説教してまわる。

4　孔子（前552／1～前479）中国春秋時代の思想家。儒教の開祖。名は丘、字は仲尼。魯の国の人。仁を理想とする道徳主義を説き、徳治政治を強調した。儒教の基本となる六経（易・書・詩・礼・楽・春秋）を修訂・整備、確定したとされる。

拡大していった。

キリスト教のとくにカトリックだと、教会というそれ自体が絶大な権力を握るようになり、ヨーロッパ各地に広がった帝国や王国をまとめあげる役割を果たすとともに、対立関係に陥るようなこともあって、かなり関係は複雑だ。

絶大な権力を握った教会

宗教改革以降のことについては、すでにふれたけれど、一神教が世界の歴史に大きな影響を与えてきたことは間違いない。

世界史の中で頻繁に起こった宗教対立

十字軍

そして、宗教同士の対立ということもとても重要だ。代表的なのは11世紀の終わりからはじまる「十字軍」だね。これは、キリスト教の側が、イスラーム教徒に奪われていた聖地イェルサレムを奪回するために軍隊を送ったもので、14世紀のはじめまでくり返されたし、その影響はとても大きかった。

世界史のなかでは、宗教対立は実に頻繁に起こっている。宗教同士が対立することもあれば、宗派同士が対立することもある。

世界史を見ていくと、さまざまな形で対立ということが起こってきたことが分かる。宗教対立もその一種ということになるけれど、政治上の対立をより一層深刻なものにしていったこともあれば、和解の方向に作用することもあった。

いったい宗教が世界史のなかでどういう役割を果たしてきたのか。それが重要だということが分かったところで、具体的に世界史における宗教について見ていくことにしよう。

次に取り上げるのは、ペルシアで生まれたゾロアスター教だ。ゾロアスター教なんて、僕ら日本人にとって身近でない宗教だけれど、ペルシアではとても重要な役割を果たしていたんだね。

第4講

アケメネス朝ペルシアとゾロアスター教

映画『ボヘミアン・ラプソディ』から考える

今回からはいよいよ、世界史における宗教について講義をしていくことになる。最初に取り上げる宗教がゾロアスター教だ。

ゾロアスター

ゾロアスター教は、世界史の教科書でも取り上げられているし、その名前なら聞いたことがあるだろうね。

ゾロアスターというのは、ゾロアスター教を開いた開祖のことだ。ゾロアスター自身については、教科書では説明されていないかもしれない。

ゾロアスター教はペルシアの宗教ということになるけれど、ゾロアスターはペルシア語ではザラスシュトラと言うんだ。ゾロアスターというのは、もともとギリシア語だったものが英語に取り入れられた呼び方だね。

さらに、ドイツ語だとツァラトゥストラになる。とてもややこしくなってくるけれど、ドイツの哲学者**フリードリヒ・ニーチェ**[1]が書いた『ツァラトゥストラはかく語りき』（翻訳書はいろいろな題名になっている）という本は有名だ。ニーチェは、「神は死んだ」と宣言したことで知られていて、その哲学はニヒリズムと言われる。

「神は死んだ」

このニーチェの哲学からインスピレーションを得て、ドイツの作曲家リヒャルト・シュトラウスは同じ題名の交響詩を書いている。

この音楽を映画に使ったのがスタンリー・キューブリック監督の『2001年宇宙の旅』というもので、音楽がとても印象的に使われていた。

1　フリードリヒ・ニーチェ（1844～1900）19世紀後半のドイツの思想家・哲学者。実存主義の先駆者。この世界を創造した神の死を宣言し、善悪を超越した永劫回帰のニヒリズムの思想を説く。著書に『悲劇の誕生』『力への意志』。

おっと、これは脱線しすぎたね。

ゾロアスター教は、その歴史は相当に古いわけだけれど、その後、ふるわなくなり、現在の信者の数は世界全体で10万人程度と言われている。日本にまでは伝えられなかったし、今日本にゾロアスター教徒がいたとしても、ごく少数だろうね。僕もこれまでゾロアスター教徒には会ったことがない。

信者は世界全体で10万人

けれども、2018年に公開され、日本でも大ヒットした『ボヘミアン・ラプソディ』という映画には、ゾロアスター教のことが少しだけ出てくる。

この映画は、イギリスのロック・バンド、クイーンのボーカルだったフレディ・マーキュリーを主人公にしたものだけれど、彼の両親はインドの生まれで、ゾロアスター教徒だった。ゾロアスター教はインドには伝えられていて、今では信者の数が世界中で一番多くなっている。

映画のなかでも、父親がフレディに対して、ゾロアスター教の三徳（善を思い、善を語り、善を行う）について教える場面が出てくる。この映画を見て、ゾロアスター教が今でも生きた宗教だということを知って、驚いた人もいたんじゃないんだろうか。

このゾロアスター教を信仰したのが、今のイランを中心に広がったアケメネス朝ペルシアだ。

ペルシア生まれの宗教

あらかじめ言っておくと、ペルシアに生まれた宗教は、世界史のなかで相当に重要な役割を果たしていくことになる。紀元後になると、ゾロアスター教の影響を強く受けながらマニ教が生まれた。イスラーム教が広がってからは、その分派であるシーア派が広がったのもこの地域だ。シーア派は、とくに最近になってその存在感を増している。

ゾロアスター教もそうだけれど、マニ教も一時は勢力をかなり広げていった。どちらも中国にまで達して、ゾロアスター教は「祆教《けんきょう》」と呼ばれた。

古代オリエント

ゾロアスター教についてふれる前に、古代オリエントのことについてふれておこう。オリエントというのは「東方」という意味だけれど、これはヨーロッパから見たときの呼び方だ。オリエントの地域に住んでいた人たちが、自分たちの住んでいるところをそのように呼んでいたわけじゃないんだけれど、主に古代のエジプトやメソポタミアのことをさしている。

四つの王国

古代オリエントでは、まずアッシリア王国が生まれ、それが崩壊した後に、エジプト、リディア、新バビロニア、メディアという四つの王国に分かれることになった。

このなかで、エジプトを除く三つの王国を征服して成立したのがアケメネス朝ペルシアだった。

キュロス2世とダレイオス1世

アケメネス朝を開いたのがキュロス2世で、それを大帝国へと発展させたのがダレイオス1世になる。

ただし、ダレイオス1世はキュロス2世の直系というわけじゃない。キュロス2世からは4代前、ダレイオス1世からは5代前の先祖にアケメネスという人物がいたことになっている。もっとも、ダレイオス1世の時代になってアケメネスという人物のことが言われるようになったから、それは、ダレイオス1世の側がキュロス2世と祖先が共通だという話を創作したことになりそうだね（そのことは、阿部託児『アケメネス朝ペルシア―史上初の世界帝国』中公新書、という本に出てくるんだ）。

史上初の世界帝国

ダレイオス1世の時代に、アケメネス朝の支配する地域は、東はエーゲ海の北岸、今のギリシアの東部とブルガリアのあたり、西はインダス川にまで及んだ。相当に広い地域で、だからこそ史上初の世界帝国と呼ばれたりする。

アケメネス朝では、それぞれの州にサトラップという知事をおき、監察官を派遣して、中央の意志が地方にも伝わるような中央集権の体制を確立した。国内の道も整備して、そのあいだで物や情報が伝わりやすくなる駅伝制も設けたんだけれど、ペルシア戦争でギリシアと戦ったときには負けてしまい、紀元前330年には、マケドニアから発した**アレクサンドロス大王**[2]によって征服されてしまった。これによって、アケメネス朝の歴史は220年で終焉を迎えることになった。

ゾロアスター教のシンボル「フラワシ」とは何か？

アケメネス朝で信仰された宗教がゾロアスター教になるわけだけれど、そのシンボルとなっているのが、「フラワシ（フワルナ、フラワフル、フラワルドとも）」というものだ。

フラワシは、かなり奇抜な形をしている。真ん中に円環があって、全体は翼を

2　**アレクサンドロス大王**（前356～前323）マケドニア王（在位、前336～前323）。13歳から3年間アリストテレスのもとで学ぶ。ギリシア連合軍を率いた東方遠征によりペルシアを征服し大帝国を築く。ヘレニズム文化の基礎を作る。

大きく広げた鳥の形をしている。でも、円環の上の頭部にあたるところは、髭をはやした男性の上半身が横向きに描かれている。男性は手にも円環を持っているんだけれど、鳥には足のようなものが下斜めにはえていて、それは蛇の形になっている［年表（その他の宗教）参照］。

ダレイオス1世の墓にも、このフラワシが描かれているんだけれど、墓は石でできていて、フラワシは浮彫になっている。

では、フラワシとは何なのだろうか。

鳥というのは、どの宗教、どの民族でも「霊」としてとらえられることが多い。人間はその肉体とは別に霊を持っているとされ、その霊は死後にからだを離れて、どこかへ飛んでいくということで、鳥として描かれることになるわけだ。

受胎告知と聖霊

キリスト教では、聖母マリアが神の子を宿していると天使から教えられる「受胎告知」の場面がくり返し描かれてきたけれど、その場面に、白い鳩が登場することが多い。これは、マリアに受胎させた「聖霊」を象徴するものだとされる。

キリスト教の教義には三位一体というものがあって、神と神の子イエス、そして聖霊とは一体の関係にあるとされる。

ゾロアスター教では、この世界に存在するさまざまなものに霊としてのフラワシが宿っていると考えられているんだけれど、宿っているものは善で、宿っていないものは悪だとされている。

当然、人間にもフラワシは宿っていて、それが人間に対して、何が善で何が悪なのか、あるいは何が正しくて何が間違っているのかを教えてくれる。

ハマスパスマエーダヤの祭典

フラワシは祖先の霊だともされていて、フラワシの祭となるのが、1年の最後の10日間に開かれるハマスパスマエーダヤの祭典だ。このときには、祖先の霊であるフラワシが大挙して戻ってくるので、火を焚いて迎え入れることになる。

これは、日本のお盆の習慣に似ているよね。最近、都会ではあまり行われなくなっているけれど、お盆には祖先の霊が戻ってくるので、そのはじまりに火を焚いて迎え、お盆が終わると、また火を焚いて送るということをするわけだ。京都の大文字焼きも送り火の一種だね。

ハマスパスマエーダヤの祭典がインドに伝えられ、それがお盆の起源になったという説もあるようだけれど、お盆は中国ではじまった習慣だから、この説は成り立たないだろうね。

拝火教

でも、ゾロアスター教では火が重要視され、神聖なものと考えられていることで、「拝火教」と呼ばれたりもする。ゾロアスター教の神殿では、開祖ゾロアスターが点火したとされる火が今でも灯し続けられている。

フラワシが王の墓に浮彫になっているのは、王の肉体は滅んでも、魂の方は永遠に生き続けるということを示そうとしたんだろうね。

「善悪二元論」と宗教の歴史

それに関連して重要なことは、フラワシがかかわる善と悪という問題だ。

世の中には善いことも起これば、悪いことも起こる。善いことばかり起こって欲しいと、僕らは願っているけれど、なかなかそうはいかない。さまざまな形で悪いことが起こる。

悪いことに遭遇したとき、僕らは、なぜそんなことが起こるのだろうかと考える。地震や台風に襲われて重大な被害をこうむったときには、「なぜなんだ」と叫びたくもなってくる。

日本で考えれば、日本中すべての人が地震や台風に襲われるわけじゃない。たとえ襲われても、被害を受ける人と受けない人がいる。

自分が被害をこうむったとき、なぜ他の人間ではなく、よりによって自分なのかと考えてしまう。そこにどういう違いがあるのだろう。自分は何か間違ったことをしたので、その罰を受けているのだろうか。天罰ということばがあるけれど、悲惨な状況に追い込まれると、天罰ということがどうしても頭にのぼってくる。

善い神／悪い神

そうしたことについて考えていったとき、古代の人たちは、これは悪い神の仕業なのではないかと考えるようになった。逆に善いことが起きたら、それは善い神のおかげだと考えるわけだ。

日本の江戸時代には、古典文学を研究する「国学」という学問が流行するけれど、その代表が**本居宣長**[3]という人だ。

禍津日神

宣長は、日本の神話が記されている「古事記」の研究をしたことで有名だけれど、「古事記」に書かれていることは本当のことだとまで考えるようになった。

そして、悪いことが起こるのは、「古事記」に登場する禍津日神《まがつひのかみ》の仕業で、神がしたことだから「しかたがないんだ」と説くようになった。

ゾロアスター教の考え方は、この宣長の発想と似ている。この世界には、善の

3　**本居宣長**（1730〜1801）江戸中期の国学者。伊勢・松坂の人。賀茂真淵に教えを受け『古事記』の注釈に着手する。後に国学史上最大の業績『古事記伝』を著す。「もののあはれ」を中心とした文学論でも知られる。

神アフラ＝マズダと悪の神アーリマンがいて、この二つの神はずっと戦いを続けているとされた。善の神が優勢になれば善いことが起こり、悪の神が優勢になれば悪いことが起こるということになる。

アフラ＝マズダの恩恵

もし人間が幸福であれば、それはアフラ＝マズダの恩恵によるもので、それに恵まれた人間は最後の審判のときに、楽園、つまりは天国に赴くことができるというわけだね。

こうした善と悪、善神と悪神とが根本的に対立しているととらえる見方は「善悪二元論」というふうに呼ばれる。宗教の歴史を考えるときに、この善悪二元論の果たした役割はとても重要だ。また別の講義にもこのことは登場することになると思う。

ゾロアスター教の繁栄と衰退

聖典「アヴェスター」

こうしたゾロアスター教の教えが記されているものが「アヴェスター」という経典だ。

ほとんどの宗教のなかでは、経典がとても重要だ。何しろそこには、その宗教の教えが記されていて、信者はそれに従って生活を送ることになるからだ。経典は信者にとって神聖なものだから、聖典と呼ばれることもある。

「アヴェスター」には日本語訳（たとえば、『原典訳アヴェスター』伊藤義教訳、ちくま学芸文庫）もあるんだけれど、その内容は分かりにくい。話が難しいということもあるけれど、断片的で、全体としていったいどういうことが説かれているのか、それが分かりにくい。キリスト教の聖書のように、物語にもなっていないんだ。

しかも、「アヴェスター」を残したとされるゾロアスターという人物自体が謎だ。一番の謎は、どの時代の人物なのかがはっきりしないことにある。紀元前1700年から1000年の間の人物ではないかという説があるけれど、この年代はあまりにもアバウトすぎる。さらにこれとは別に、紀元前620年から紀元前550年の人物だったのではないかという説もある。

生きていた年代がはっきりしないということは、ゾロアスターが本当に実在したのかどうか、そこからして問題になってくる。世界史の教科書にゾロアスターが登場しないのも、その点が関係しているかもしれない。

開祖の生涯

開祖の生涯というものは、どの宗教でもはっきりしないことが多い。というのも、宗教家として活動するようになり、その教えがかなり広まるようになるまで、その人間は無名で、無名であった時代のことについてはどうしても史料が乏しくなるからだね。

いったん開祖となって、新しい宗教を開いた人物だということになれば、信者たちから尊敬され、その生涯は徹底して素晴らしいものとして描かれるようになる。当然そこには誇張された部分も含まれる。

ゾロアスター教の場合には、一時期は大いに栄え、中国にまでその教えが伝えられたりもしたけれど、オリエントの地域にイスラーム教が広がっていくようになると、ゾロアスター教は衰えていった。信者は続々イスラーム教に改宗してしまったんだ。

パールシー

そうなると、その伝統が途絶えてしまい、自然と史料も乏しくなってしまう。あるいは、ゾロアスター教はインドに伝えられ、その信者はインドで「パールシー」と呼ばれるようになるんだけれど、インドの影響を受けて、元々の信仰が変化していってしまった面もある。

存在感が薄れるということは、ゾロアスター教の社会に対する影響力が失われたことを意味する。もちろん、今でもゾロアスター教についての研究は進められているけれど、一般の関心はさほど高くない。

では次に、ギリシアのことを見ていくことにしよう。ギリシアというと、哲学のイメージが強いかもしれないけれど、実はギリシア哲学の背景には宗教ということが深くかかわっている。

しかも、ギリシアの影響は大きい。その点でも、古代ギリシアの宗教は重要な意味を持っているんだね。

第5講

ギリシア哲学は後世に多大な影響を与えることになる

ギリシア文明の繁栄とポリス

次はギリシアだ。

ギリシアのことは、世界史の教科書でもかなり詳しく説明されているね。その後にローマ帝国のことが語られることになるけれど、「ギリシア・ローマ」と一くくりにされることも少なくない。

古代ギリシア

ヨーロッパの人たちにとっては、今でも、自分たちの文明はローマ帝国からはじまるという意識がある。さらにそれは遡って古代ギリシアに行き着く。そこには、ギリシア・ローマ文明への強い憧れの気持ちも含まれているんだろうね。

それは、現代のアメリカにも見られることだ。アメリカにも古代からの長い歴史があるわけだけれど、アメリカ合衆国を作り上げたアングロサクソンの人たちからすると、自分たちが移民してくる前のアメリカにそのルーツを求めるというのは難しい。

そこで、自分たちの原点となる文明として持ち出してくるのがギリシア・ローマだ。アメリカの大学は、日本の大学とは違って専門の学部には分かれていない。関心のある学問領域を二つ選んで、それを深めていく。主に学ぶのをメジャーと呼び、副専攻をマイナーと呼ぶんだ。

そうしたアメリカの大学でもっとも重んじられるのが、「リベラル・アーツ」ということになるんだけれど、これは古典を学ぶことを中心にしていて、とくにそのなかでもギリシアの哲学を学ぶことが重視されている。

だから、アメリカで大学教育を受けた人間は、本や論文を書くときに、ギリシアの哲学者の思想や考え方について言及することが多い。

もっとも、アメリカの大学では、「リーディングス」という分厚い教科書があって、それを授業で読んでいくことになるんだけれど、これは、古典的な書物や論文の抜粋なんだ。

だから、アメリカの人間がギリシア哲学について深く学んでいるというわけじゃない。本や論文のなかに、プラトンやアリストテレスのことが出てきたとしても、格別感心したりする必要もないわけだ。

ポリスと市民

ギリシアの文明が栄える上では、都市が成立したことが大きい。それをギリシアでは「ポリス」と呼んだ。都市というのは多くの人たちが集まってきて、共同で生活を営む場だから、そこに市民という存在が生まれる。そうした市民が文明を築き上げる上でとても重要な役割を果たすことになる。

ただ、ギリシアのポリスでは、自由人である「市民」と、それに隷属する「奴隷」とに人間が分けられていた。自由人のなかにも、「貴族」と「平民」の違いがあって、ポリスの政治は最初、貴族によって独占されていた。

けれども、交易活動がはじまり、経済的な豊かさがもたらされるようになると、それに従事した平民も富裕になり、その発言力が高まった。そのことが、やがてポリスで民主政が実現されることに結びつく。市民を中心とした政治が行われたという点で、ヨーロッパの人たちは、ギリシアを高く評価し、自分たちの模範とするわけだ。

アレクサンドロス大王の遠征

ペロポネソス戦争

けれども、個々のポリスは独立していたわけで、ポリス同士の戦いということも起こった。アテネとスパルタのあいだでのペロポネソス戦争（前４３１〜前４０４年）がよく知られているけれど、アテネは他のポリスとデロス同盟を組み、スパルタもペロポネソス同盟を組んでいた。

戦争が長く続いたことで、ポリスの市民も疲弊するようになり、ポリス自体の力も衰えていった。ペロポネソス戦争が起こる前に、アテネやスパルタは、前回の講義で取り上げたアケメネス朝とペルシア戦争（前５００〜前４４９年）を戦い、それには勝利をおさめることができたんだけれど、今度はそうはいかなくなる。

ギリシアの北方にはマケドニアという国があったんだけれど、そこにフィリポス２世という王が現れ、軍事力を強化することで、アテネなどを戦いで破り、スパルタを除いたポリスを支配下におくようになる。

このフィリポス2世の子が有名な**アレクサンドロス大王**[1]で、彼はマケドニアとギリシアの連合軍を率いて遠征を行い、アケメネス朝を滅ぼした。さらにはエジプトも征服して、大帝国を築くことになる。

その際に、アレクサンドロス大王が行った注目される事業としては、征服した各地にアレクサンドリアと呼ばれるギリシア風の都市を建設したことがあげられる。その後、重要な存在として残るのはエジプトのアレクサンドリアだけだったけれども、ギリシア風の都市ができることで、ギリシアの文化も各地に伝えられていくことになった。これがヘレニズム文化と呼ばれるものだ。

アレクサンドロス大王自身は、熱病で33歳で亡くなってしまった。とても短い生涯だったわけだけれど、その間に大帝国を築き上げた。しかも、その生涯にはいくつもの逸話がともなっていて、それで後世の人々を魅了してきた。

アレクサンドロス大王がペルシアのダレイオス3世と戦った場面を描いたモザイクが、紀元79年にヴェスヴィオス火山の噴火で埋まってしまったポンペイの邸宅で見つかった。

その原画は紀元前300年頃に、マケドニアの王がギリシア人のフィロクセノスという画家に注文して描かせたものだというけれど、ローマ帝国のポンペイで

ヘレニズム文化

も、大王に対する強い憧れがあったことになる。

興味深いのは、アレクサンドロス大王が築き上げた帝国に固有の名称がないことだね。それも、大王が若くして亡くなり、その後には、その部下となった将軍のもとで、帝国が分裂してしまったからだろう。

「アケメネス朝最後の王」

ただ、大王が征服した地域は、アケメネス朝とかなり重なっていたので、現代では、大王を「アケメネス朝最後の王」と呼ぶ歴史家もいるくらいだ（これは、前の講義で取り上げた『アケメネス朝ペルシア』の本に出てくる）。

大王の出身地であるマケドニアには、それほど強固な宗教というものがなかったから、大帝国にそれが広がったというわけじゃない。大王は、征服したエジプトでは現地の神々に捧げ物を行ったし、ペルシアではそこに伝わる宮廷儀礼に従ったりもした。

ペルシアには、王に謁見する人間は、膝をついて平伏するという習慣があった。アレクサンドロス大王は、ペルシア人から、この跪拝礼を受けるようになった。ペルシアでは、こうした跪拝礼を行ったからといって、王を神として信仰した

1　アレクサンドロス大王　☞61頁の注**2**参照。

わけじゃない。ところが、マケドニアやギリシアの人間たちは、自由人が跪拝礼を行うのは神に対してだけだと考えていたから、たとえ相手が大王であっても、そうした礼を行うのは奴隷が行う屈辱的な行為だと考えた。それで、彼らは跪拝礼をペルシア人から取り入れることをしなかったんだ（これについては、森谷公俊『アレクサンドロスの征服と神話』講談社学術文庫、に出てくる）。

ギリシアの宗教の特徴（多神教）

ギリシアはこうした歴史を歩んでいったわけだけれど、その宗教の特徴は多神教にあった。多神教については第3講で説明したね。一神教が広がるまでは、どの社会も多神教で、ギリシアもその例外ではなかった。ギリシアは文明としてかなり進んでいたけれど、そのなかから一神教が生み出されたわけじゃない。

オリンポス12神

ギリシアの主な神々をさして、「オリンポス12神」という言い方がされる。中心となるのは全知全能の最高神とされるゼウスだ。ゼウスが唯一絶対の神ではない点はヘーラーという妻がいたところに示されている。ヘーラーも、12神のなかに含まれている。他には、ゼウスとヘーラーの息子であるアポローン、女神のアルテミス、さまざまな役割を果たしたヘルメースなどもそうだった。ゼウスが特別な神というわけじゃない。

ギリシア神話

こうした神々の物語が、「ギリシア神話」と呼ばれるものだ。12神以外にも、ギリシア神話にはいろいろな神々が登場する。

一神教では、あるいは世界宗教では、教えを記した聖典が決定的に重要な意味を持つわけだけれど、多神教では神話が重要だ。日本の神道にも、「古事記」や「日本書紀」といった神話がある。もっとも、神話は神々の物語で、そこで教えが説かれているわけじゃない。

ギリシア神話に登場する神々は、その後ローマにも受け継がれた。ただ、呼び方は変わり、ゼウスだとユーピテル、アルテミスだとディアーナになった。次の講義ではローマ帝国のことを取り上げることになるけれど、キリスト教が国教になるまでのローマ帝国も多神教だったんだ。

人間中心主義

ギリシア神話には、いろいろと興味深いエピソードが含まれている。そこに登場する神々はとても人間的で、恋もすれば浮気もするし、激しく怒ったり、機嫌を損ねたりもした。

神とはいっても、人間と変わるところがなかった。一神教の神とはそこが大きく違う。ギリシアでは、あくまで人間が中心だったとも言える。

ギリシアでは、文学や彫刻などの美術が発展し、**ヘロドトス**[2]や**トゥキディデス**[3]のような歴史家もあらわれた。ヘロドトスの『歴史』という本はペルシア戦争を扱ったものだし、トゥキディデスの『歴史』はペロポネソス戦争を扱っている。

そして、今日の自然科学に通じる学問も生まれた。「ピタゴラスの定理」を発見した**ピタゴラス**[4]や「アルキメデスの原理」の**アルキメデス**[5]、ユークリッド幾何学の創始者とされる**エウクレイデス**[6]、あるいは医学の祖とされる**ヒッポクラテス**[7]などだ。

今でも大学の医学部の卒業式などで唱えられる「ヒポクラテスの誓い」は、ヒッポクラテスが唱えたものだ。

もちろん、その後科学は大いに発展するから、ギリシアの科学がそのまま現代に通じるわけじゃないけれど、その影響はとても大きい。

哲学の発展

さらにギリシアでは哲学が発展した。**タレス**[8]からはじまって、**ソクラテス**[9]や**プ**

2　**ヘロドトス**（前484頃〜前425頃）ギリシアの歴史家。著書『歴史』は、ペルシア戦争を軸にして、東方諸国の歴史・風土・伝説などを記し、最古の歴史書として知られる。「歴史の父」とも呼ばれる。

3　**トゥキディデス**（前460頃〜前400頃）古代ギリシアの歴史家。アテネの貴族出身。ペロポネソス戦争に従軍し、この戦争をテーマに『歴史』を著す。歴史叙述の祖として知られる。

4　**ピタゴラス**（前572頃〜前492頃）古代ギリシアの哲学者・数学者・宗教家。サモス島生まれ。数を万物の本源とし、オルフェウス教的神秘主義を説く。南イタリアのクロトスで、宗教・学術結社ピタゴラス教団を組織する。

5　**アルキメデス**（前287頃〜前212）古代ギリシアの数学・物理学者・技術者。シチリア島の都市国家シラクサに生まれる。「アルキメデスの原理」や「梃の原理」を発見。積分法の先駆となる円、球などの求積法も研究。

6　**エウクレイデス**（生没年不詳）紀元前300年頃の古代ギリシアの数学者。英語名はユークリッド。幾何学の祖。『幾何学原本』を著し、ユークリッド幾何学を体系化した。球面天文学、音楽論に関する著作もある。

7　**ヒッポクラテス**（前460頃〜前375頃）ギリシアの医学者。観察と経験を重んじて、ギリシア医学の基礎を築く。医師の倫理についても論じ、その考えが今日でも医学界で用いられる「ヒポクラテスの誓い」に結実した。西洋医学の祖と称される。

8　**タレス**（前624頃〜前546頃）古代ギリシアの哲学者で、アリストテレスにより「哲学の創始者」とされた。小アジアのミトレス生まれ。イオニア学派の祖。七賢人筆頭としても讃えられる。万物の根源を水とした。日食を予言。

9　**ソクラテス**（前470／469〜前399）古代ギリシアの哲学者。アテネ生まれ。自らの無知を知る故に知を求める（無知の知）姿勢を真の人間存在のあり方とした。青年を惑わした罪により裁判で死刑を宣告され毒杯をあおぎ亡くなる。

ラトン[10]、**アリストテレス**[11]などの哲学者が現れた。

哲学と言うと、ひたすら真理を探求していく学問というイメージが強いけれど、その対象は、この世界がどういった成り立ちをしているかにまで及んでいくから、宗教家の営みと近いところがある。

哲学の創始者

哲学の創始者と位置づけられるのがタレスだ。残念ながら、彼が書いたものは残されていない。けれども、タレスは、万物の根源を探っていって、水にたどり着いた。タレスが万物の根源を水に求めるにあたっては、何か具体的な体験があったのかもしれない。そうした体験は宗教家の神秘体験に近いものだったんではないだろうか。

そうした面がよりはっきりしているのが、南イタリアのエレアというところに生まれた**パルメニデス**[12]だ。イタリアとギリシアとでは地理的に離れているけれど、パルメニデスは、アテネを訪れたことがあり、その際にソクラテスとも対話をしたと言われている。

そのパルメニデスが書いた『自然について』という書物は、詩的なことばでつづられていて、彼が何らかの神秘体験をしていることがそこに示されている。

イデア

プラトンの場合、その哲学の中心には、「イデア」という考え方がある。イデアは、見ることを意味するギリシア語のイデーンということばから生まれたものだけれど、それは、肉体としての目で見えるものではなく、魂の目によってとらえられたものだとされている。

プラトンは、イデアこそが時空を超越し、絶対的な永遠の実在だと考えた。そうなると、僕らが普段肉体の目で見ているものは、本質的なものではないということになる。

信仰を持っている人間からすると、プラトンの言うイデアは神なのではないかと考えたくなってくる。けれども、多神教のギリシアでは、まだ一神教の信仰が存在しなかったから、イデアは神とは結びつけられなかった。

10 **プラトン**（前428／427～前348／347）古代ギリシアの哲学者。アテネの名門の生まれ。ソクラテスの弟子。経験的世界を超えて存在するイデアを真実在とし、また哲学者の統治する理想国家を説いた。著書に『国家』。

11 **アリストテレス**（前384～前322）古代ギリシアの哲学者。プラトンに学び、後にアレクサンドロス大王の家庭教師を務める。アテネに学園リュケイオンを創設。「万学の祖」ともいわれ、後世に大きな影響を与える。著書に『政治学』。

12 **パルメニデス**（前515頃～前450頃）古代ギリシアの哲学者。エレア学派の代表。哲学史上初めて存在を哲学の目標として立て、存在が思考によってのみひらかれることを立証。プラトンをはじめ後世に多大なる影響を与える。

でも、中世のキリスト教社会になると、有名な神学者の**トマス＝アクィナス**[13]は、神のなかにイデアがあるという考え方をとった。これは、ギリシアの哲学がキリスト教の神学に取り入れられたということで、この点はとても重要なんだ。

アリストテレス哲学の学問への影響

その面で、プラトン以上に大きな影響を与えたのがアリストテレスだ。

アリストテレスが、アレクサンドロス大王の家庭教師だったというのは有名な話だね。アリストテレスは、大王や貴族の子弟に、哲学だけではなく、弁論術や科学、文学、医学まで教えたというから、そうした教養が、大王に一代で大帝国を築き上げさせることに貢献したのかもしれない。

アリストテレスの著作は多方面に渡っていて、論理的で体系的なものだから、後世に多大な影響を与えた。

イスラーム教で哲学が盛んになるのも、アリストテレスの影響が大きい。そして、トマス＝アクィナスの場合もそうだけれど、中世のキリスト教世界で盛んになったスコラ学に、アリストテレスの哲学は決定的な影響を与えた。

スコラ学

近世以降になると、スコラ学は旧態依然とした硬直した学問の体系だというイメージが作られることになるけれど、実際のスコラ学は、現実をどのように考えるかということに切り込んでいく学問でもあったんだ。

たとえば、中世初期の時代には、財産を私有することは間違っていて、共有であるべきだと主張されていたんだけれど、トマスは、アリストテレスの考え方をもとに財産の私有を認める主張を展開した。近代の経済学は、こうしたスコラ学から生み出されていったとも言えるし、他の学問の基礎を作り上げていった面があった。

なぜ神が存在するのか

キリスト教は神への信仰を強調するけれど、なぜ神が存在するのか、人間は神をどうとらえるべきなのかといった理論的な側面については、それを議論するための方法を持っていなかった。その方法を提供したのがアリストテレスの哲学だったわけだ。

ただ、アリストテレスを中心としたギリシアの哲学が、キリスト教の神学に最

13　**トマス＝アクィナス**（1225頃〜1274）イタリアの盛期スコラ学最大の哲学者・神学者。ドミニコ会士。スコラ哲学の完成者。アリストテレス哲学と神学（理性と信仰―知と信）の有機的な関係を基礎づける。著書に『神学大全』。

初から影響を与えたというわけじゃない。それはだいぶ後になってからのことで、ギリシア哲学に最初注目し、それを取り入れたのがイスラーム教の世界だ。

イスラームの優位性

現在の先進国は、キリスト教が広がった国が多いので、キリスト教の方がイスラーム教よりも進んでいるというイメージがあるかもしれないけれど、中世から近世はじめまでの時代は、むしろ逆だった。イスラーム教の世界で、さまざまな学問や技術が大いに発達したことが、後にキリスト教世界に取り入れられ、それでキリスト教世界が進歩をとげていったという面がある。この点は、世界史を考える上でも重要なポイントになることだ。

さて、ギリシアのことを押さえたところで、次にはローマのことを考えてみよう。ローマ帝国は広大な版図をもつまでになるけれど、それが東西に分裂した後も、さまざまな帝国に影響を与えていった。

何より重要なのは、ローマ帝国におけるキリスト教の役割だね。次にはそれを見ていくことにしよう。

コラム　宗教と巡礼

宗教には必ず施設があり、信者はそこを訪れることになる。日々の生活のなかでは、近くの施設を訪れるが、遠いところにある施設を訪れることもある。

そこから巡礼という行動が生まれる。

日本では四国遍路が有名だ。四国にある88箇所の霊場をめぐるもので、弘法大師空海の信仰とかかわっている。歩いてまわる遍路には弘法大師が同行してくれるということで、「同行二人」と笠などに記したりする。

巡礼は、どこの宗教にも見られるもので、キリスト教のカトリックだと、ローマ、ルルド、サンチャゴ・デ・コンポステラが三大巡礼地になっている。最近では、若者のあいだでコンポステラへの巡礼がブームになっていたりする。

もっとも大規模な巡礼がイスラーム教のメッカ巡礼で、一年に一度訪れる巡礼月に、世界中のイスラーム教徒がメッカを訪れる。そうした巡礼者がカーバ神殿の周囲をまわっている光景は圧巻だが、これは巡礼者が最初にすることで、その後にはいろいろな行事が待ち受けている。メッカ巡礼は、イスラーム教徒なら一生に一度はしたい行為だが、今はイスラーム教徒の数が膨大になったので、巡礼ができる信者の数は限られている。それが巡礼の価値を高め、巡礼を経験した人は周囲から尊敬される。世界にはこんなにも同じ信仰を持つ人間がいるのか。イスラーム教徒はそれを実感するようだ。

第6講

ローマ帝国が広めたキリスト教

帝国の誕生

共和制の成立

ローマ帝国のはじまりは、イタリア半島を南下してきたラテン人が、ティベル川のほとりに都市国家を建設したことからはじまる。その都市がローマだ。

最初ローマは、エトルリア人の王に支配されていたけれど、その王を追放して、貴族による共和制が成立した。今の民主主義とは違うけれど、王が武力によって支配するのではなく、貴族のなかから選ばれた「コンスル」と呼ばれる執政官が中心になって政治を行うのが共和制の特徴だ。

現代の世界でも、共和国を名乗っている国がかなりあるよね。イタリアもイタリア共和国だし、ドイツの場合はドイツ連邦共和国だ。共和国の場合には、大統領がトップに立つことになる。

一方で、タイはタイ王国で、イギリスはグレート・ブリテン及び北部アイルランド連合王国だ。王国では王がトップに立っている。現代の王国では民主主義が確立されているので、王は権力を握るというより、権威の象徴であることが多いけれど、昔の王国は実際に王が権力をふるっていた。

ローマの場合には、共和制の時代には貴族によって構成される元老院が政治を担っていたんだけれど、貧富の差が拡大したり、内乱も起こって、政治が安定しなかった。

帝政ローマ

そんななか権力を担うようになるのが**オクタウィアヌス**[1]という人物で、紀元前

1　**オクタウィアヌス**（前35～後14）古代ローマの政治家。ローマ帝国初代皇帝（在位、前27～後14）。カエサルの姪の子として生まれる。カエサル没後、第2回三頭政治を組織。アクティウムの海戦に勝利し、ローマの単独支配者に。

27年に元老院からアウグストゥスの称号を与えられた。アウグストゥスは「尊厳者」を意味するんだけれど、ここからローマは帝政に移行したと見なされている。ローマは、皇帝を戴くローマ「帝国」になったわけだ。

第4講でふれたアケメネス朝ペルシアが世界で最初の帝国とされるわけだけれど、ローマ帝国の出現はその後の歴史を考える上でとても重要な意味を持った。

東・西ローマ帝国

ローマ帝国自体は395年に東西に分裂してしまう。西ローマ帝国は476年、早い段階で滅亡してしまうけれど、東ローマ帝国は15世紀の半ばまで存続した。東ローマ帝国はビザンツ帝国とも呼ばれた。

神聖ローマ帝国

さらに10世紀になると、今のドイツやオーストリア、チェコなどを中心にした神聖ローマ帝国が誕生した。これは19世紀のはじめまで続き、西ローマ帝国の伝統を受け継いでいると称していたから、ローマ帝国は形を変えながら2000年近く続いたことになる。

世界史のなかには、アケメネス朝やローマだけではなく、数多くの帝国が登場する。中国も中華帝国だし、イスラーム帝国やモンゴル帝国も生まれた。日本だって、近代に入ってから大日本帝国を名乗っていた歴史がある。

日本の場合には皇帝ではなく天皇ということになるけれど、帝国の基本は皇帝が支配し、君臨しているというところにある。けれども、現在の「国民国家」とは違って、帝国のもとにはさまざまな地域や民族が含まれている。

では、皇帝と王とではどう違うのだろうか。両者の区別はなかなか難しい。王が支配する地域を広げて皇帝になっていくこともあるからね。帝国のもとに、さまざまな王国が存続しているということだってある。

帝国主義

19世紀の終わりになると、「帝国主義」の時代になったとも言われた。これは、工業力や資本力のある西ヨーロッパの各国が海外に植民地を持ち、それぞれに勢力圏を確立したことをさすわけだ。

王国の場合には地域が限定されているけれど、帝国になると、ひたすら膨張し、その支配地域を拡大していく。帝国によっては、ローマ帝国やオスマン帝国のように長く続くところもあるけれど、短命に終わった帝国もある。アレクサンドロス大王の帝国などがその代表だね。

帝国になると、それが支配する領域が広くなるから、世界史の動向に大きな影響を与える。だから、世界史を学んでいく上で帝国の存在はとっても重要だ。その帝国のイメージを形成する上で、ローマ帝国の役割はとても大きなものだった。このことは十分におさえておく必要がある。

皇帝崇拝

ローマ帝国と宗教

ローマ帝国と宗教との関係ということになると、二つのことを考える必要がある。一つは「皇帝崇拝」で、もう一つがキリスト教だ。そして、この二つは深く関係している。

ローマ帝国では、284年に即位したディオクレティアヌス帝が、皇帝である自分を神として崇拝させ、専制君主として支配するようになったとされている。これは、皇帝でも王でも同じだけれど、なぜ彼らに帝国や王国を支配する権限があるのかということはとても重要なことだ。

それは日本の天皇についても言えるよね。日本国憲法では、天皇が日本国の象徴で、国民統合の象徴であるのは国民の総意にもとづくとされている。けれども、このことにかんして国民の意志が確認されたことは一度もない。結局は、神話にもとづいていると考えるしかないわけだ。

前回の講義で、多神教の世界では神話が重要だという話をしたけれど、皇帝や王の権威のもとが神話に求められることはどこでも見られることだ。

ローマ建国神話

ローマにも建国神話があって、双子の一人として生まれ、狼に育てられたロムルスがローマを建設したとされている。

王が権力者である証として特別な力が備わっているという考え方もある。これはイギリスやフランスに見られたことだけれど、「ロイヤル・タッチ」ということがあった。王は、リンパ腺がはれる瘰癧《るいれき》という病気にかかった人間にふれて、それを治す力があるとされたんだ。

祭祀王

祭祀王という考え方もある。王は政治的な権力を握っていると同時に、宗教的な儀礼を主宰する祭司としての役割を果たすというのは、さまざまな地域に見られることだ。これについては、邪馬台国の卑弥呼のことを思い浮かべてみればいいかもしれない。

ローマの皇帝崇拝では、皇帝のために神殿が建てられ、そこで礼拝が行われた。皇帝は神として祀られていたわけだ。

この皇帝崇拝を拒否したがゆえに迫害を受けたのがキリスト教徒だった。教科書ではそのように説明されている。

ただこれは、あくまでキリスト教の側からの主張で、最近の学問の世界では、事実はそれほど単純なものではなかったのではないかと言われている。

なにしろキリスト教の研究をしている学者のほとんどは、日本でもそうだけれど、キリスト教の信仰を持っているので、どうしてもキリスト教を中心に物事を見てしまう傾向がある。

もちろん、そんな知識は大学入試には必要がないのかもしれないけれど、東大で入試問題を作る教授たちは、教科書に書いてあることが全部正しいんだなんて少しも思っていない。正解がないというのもそれが関係している。そのことは理解しておく必要はあるんじゃないだろうか。

ユダヤ教の改革運動としてはじまったキリスト教

福音書

キリスト教は、イエス・キリストが開いた宗教ということになるけれど、イエスはユダヤ人で、その生涯をつづった新約聖書の「福音書」では、当時のユダヤ教の体制を厳しく批判したとされている。キリスト教はユダヤ教の改革運動としてはじまったわけだ。

キリスト教という新しい宗教がユダヤ教とは区別されるようになるのは、イエスが十字架に架けられて殺され、墓に埋葬された後、3日目に蘇ったという伝説が生まれてからのことになる。

新約聖書のなかには、福音書の他に、イエスの弟子たちの言動について記した「使徒行伝」、イエスの死後に弟子になりローマ帝国のなかにキリスト教を広める上で大きな役割を果たしたパウロなどの残した書簡、そして、「ヨハネによる黙示録」というものが含まれている。

黙示録では、世界の終わりが訪れたときのことが詳しく描かれていて、当初、キリスト教の信者になった人たちは、すぐにでも世の終わりが訪れると真剣に信じていた。

最後の審判

そのときには「最後の審判」が行われ、正しいものは天国に召され、間違った行動をしていた人間は地獄に落とされると信じられたわけだけれど、実際にはそうした時は訪れなかった。

となると、キリスト教など信じても意味がないということにもなってくるんだけれど、キリスト教の側は、キリスト教の教会こそが人々を救う力があると宣伝するようになり、それで信者を増やしていった。

初期のキリスト教がどのような形で広がっていったのかについては、よく分からない部分が多い。そもそも、ユダヤ教とキリスト教がはっきりと区別されていたのかどうかも怪しい。だから、ユダヤ人であるがゆえに迫害を受けたのか、それともキリスト教徒だから迫害を受けたのかがはっきりしないところがある。

ただ、キリスト教の信仰をあくまで守ろうとして亡くなった殉教者が生まれた、あるいは、そう見なされた人物が現れたのは事実で、キリスト教の信仰はローマ帝国のなかでかなりの広がりを見せていった。

ミラノ勅令

そこで、**コンスタンティヌス帝**[2]が313年に「ミラノ勅令」でキリスト教を公認したという話になる。これはローマ帝国の東西を支配していたコンスタンティヌス帝とリキウス帝がミラノで会談して出されたもので、ミラノで発せられたというわけじゃない。

そのなかでは、「キリスト教およびすべての者らに、何であれその望む宗教に従う自由な権限を与える」と述べられている。これは、キリスト教を公認したというよりも、ローマ帝国のなかでの信教の自由を宣言したものだったんだね。

教皇と皇帝との関係

ニケーア公会議

むしろ、この時代で重要なことは、325年に、コンスタンティヌス帝がニケーア公会議を開催したことではないだろうか。「公会議」というのはカトリック教会の呼び方で、ギリシア正教では同じものを「全地公会議」と呼んでいる。ただ、ギリシア正教では、第7回の第2ニケーア公会議（787年）までしか認めていない。

アタナシウス派とアリウス派

公会議というのは、キリスト教のカトリック教会やギリシア正教に独特のもので、地位の高い聖職者が世界中から集まってきて討議をすることになる。その際に重要なことは、正しい教義、正統教義が決定されるということだね。それとは違う教えは異端の烙印を押される。異端とされた教えを信じ続ける人間たちは教会から追放されたり、場合によっては処刑されたりもする。こうした仕組みは他の宗教にはないものだ。

公会議で正統教義と異端とがはっきりと区別されるわけだから、教会にとってはとても重要な会議だ。ニケーア公会議では、キリストと神とを同一視するアタナシウス派が正統教義とされ、キリストはあくまで人間であるとするアリウス派

2　コンスタンティヌス帝（272頃〜337）ローマ皇帝（在位306〜337）。ミラノ勅令で宗教の自由を認め、初めてキリスト教を公認した。ローマ帝国の首都コンスタンティノープルは、その名に由来する。

が異端と定められた。

キリスト教は、ユダヤ教の伝統を引き継いでいて一神教であるわけだけど、イエス・キリストが説いた教えからはじまるわけで、イエスと神との関係をどう考えるかがどうしても問題になってくる。そこで、イエスは神なのか、それとも人間なのかが議論されることになった。その議論を通して、最終的には「三位一体説」が確立される。

三位一体説

三位一体説とは、父なる神、子なるキリスト、および聖霊が、位格としては三つだけれど、実は同一だという説だ。これはキリスト教のなかでほとんどの宗派が認めている教義なんだけれど、一体それが何を意味しているのか、キリスト教の信者でない人間には分からないし、信者でも説明することが難しいものだ。

神は一つであることを強調するイスラーム教の信者からしたら、キリスト教は多神教なのではないか。そうした疑いを生む教義でもある。

その点で難しい話になってくるけれど、重要なのは、そうした教義を定めた公会議を最初にローマ帝国の皇帝が開催したということだね。

政治の宗教への介入

コンスタンティヌス帝はキリスト教に改宗したとはされているけれど、キリスト教の聖職者ではなく、世俗の権力者だ。世俗の権力者が公会議を開催するということは、皇帝がキリスト教の教会のあり方を左右したことを意味する。簡単に言えば、政治が宗教に介入したことになる。

その後も、こうした両者の関係は、世界史のなかで、とくにヨーロッパの歴史においては重要なものになっていく。カトリック教会の頂点にはローマ教皇という存在があるわけだけれど、この教皇と皇帝や王との関係がどうかということがさまざまな場面で問題になっていくんだ。

帝国維持の原理

ローマ皇帝の側としては、広大な帝国を支配するためにキリスト教を利用しようとした。多神教だと、どの神を信じるか、たくさんの選択肢が生まれてくるけれど、キリスト教では神は一つで、その絶対的な神を共通に信仰することで帝国が一つにまとまるというわけだ。

ローマ皇帝は、帝国を維持する上でキリスト教が役に立つと考えたから、それを保護したわけだ。そして、公会議を開催することで、キリスト教の教会に強い影響力を及ぼした。けれども、やがて教会が力を持ってくると、世俗の権力者との関係は変わっていくことになる。それについては、後の講義で見ていくことになるはずだ。

キリスト教とユダヤ教・イスラーム教との間にある重大な相違

ローマ法大全

こうしてローマ皇帝の庇護のもとキリスト教はローマ帝国に広がっていくことになるんだけれど、もう一つおさえておかなければならないことがある。それが「ローマ法」との関係だ。

ローマ法は後の時代にも大きな影響を与え、それぞれの国の法律のもとになっていくんだけれど、6世紀に**ユスティニアヌス大帝**[3]が「ローマ法大全」という形で集大成している。

ユダヤ教やイスラーム教では、それぞれユダヤ法やイスラーム法という、宗教の世界を律する法と世俗の世界を律する法が一体化したものが存在するけれど、キリスト教の世界にはそうした法は生まれなかった。それも、キリスト教が広まる以前に世俗の世界を律するローマ法がすでに確立されていて、キリスト法を作り上げる必要がなかったからだね。

ここにキリスト教とユダヤ教やイスラーム教との重大な相違がある。その点は、それぞれの宗教のその後に影響していくことになる。

次の講義では、インドから東の地域の宗教について見ていくことにしよう。事情は、ここまで見てきたこととはかなり違ったものになっていくはずだ。

3　ユスティニアヌス大帝（482／483～565）東ローマ帝国皇帝（在位527～565）。ゴート・バンダル両王国を討ち、ローマ帝国の再興をはかる。教会に対する皇帝権を確立。ユスティニアヌス法典（ローマ法大全）の編纂に尽力。

第7講

古代におけるインドの宗教

東洋の宗教と西洋の宗教

東洋と西洋という区別があるね。

世界を大きく二つに分けるときに、この二分法はよく使われる。トルコよりも東が東洋で、西が西洋ということになるんだけれど、両者は重なり合っていて、どこで分けるかはかなり難しい。それにアフリカはどうなるのかと考え出すと、世界を東洋と西洋に二分する考え方自体が有効なのかどうか、それが疑問にもなってくる。

だから、最近では、この二分法はあまり使われなくなっているけれど、東洋とされた地域と西洋とされた地域との間に大きな差があることも事実だ。とくに宗教ということになると、東洋の宗教と西洋の宗教は大きく違う。

多神教か一神教か

東洋の宗教に含まれるのは、仏教をはじめインドのバラモン教やヒンドゥー教、中国の儒教や道教ということになる。インドには、ジャイナ教やシク教なども生まれた。皆、多神教だ。

一方、西洋の宗教ということになると、一神教が中心で、ユダヤ教からキリスト教、そしてイスラーム教へと発展していった。もっともキリスト教やイスラーム教は世界宗教として東洋にも広がっているので、西洋には限定されない。逆に、東洋の宗教は、西洋にはあまり伝わらなかった。

こうした地域による宗教の違いということが、第1講でふれた文明論の基盤にもなるわけだけれど、今ではそれぞれの宗教が特定の地域に定着していて、それが大きく変化することはなくなっている。宗教が抑圧されたり、弾圧されることで、それを理由に大量の人たちが移民することもなくなっているからね。

東洋では、インドと中国が大国で、文明の中心になってきた。宗教の面でも、インドで生まれた仏教をはじめとする宗教は周辺に伝えられたし、中国からは、道教や儒教と習合した仏教がやはり周辺に伝えられた。

ただ、イスラーム教にかんしては、東洋にも相当浸透した。インドで仏教が消滅してしまうのも、最終的にはイスラーム教の信仰が広がったからだと言われるし、東南アジアにはインドネシアやマレーシアなどイスラーム教徒の人口が多い国がかなりある。

それが東洋における宗教事情を複雑にしている面があるけれど、イスラーム教の影響を考える前に、まずは古代におけるインドと中国の宗教についておさえておく必要があるね。

インドと中国の宗教観の根本的な違い

個々の宗教について見ていく前に、インドと中国の宗教観の根本的な違いということに目を向ける必要がある。仏教の基盤にはインドの宗教観があるし、儒教の基盤には中国の宗教観がある。宗教観は、世界をどう見るかということに通じ

輪廻転生

ているから世界観と言ってもいい。

インドの場合、宗教観の根本には、「輪廻転生」という考え方がある。これは、あらゆる生き物は、死んだ後に別の生き物に生まれ変わり、それをくり返していくという考え方だ。

こうした輪廻転生の考え方は、日本にも仏教を通して伝わってきているので、僕らも感覚的には理解している。

日本で輪廻転生という場合、亡くなった人間は死後にまた別の人間に生まれ変わるという形で理解されているけれど、インドの場合、もっと徹底していて、生まれ変わる対象は人間には限定されず、生き物すべてに及んでいる。

つまり、僕らが死んだ後、人間に生まれ変わることもあるかもしれないけれど、別の生き物に生まれ変わる可能性もあるというわけだ。生き物の種類としては、人間以外が多いわけだから、人間でない生き物に生まれ変わる可能性の方が圧倒的に高いということになる。

地球上に存在する生き物のなかで、もっとも個体数が多いのは線虫らしい。線虫は動植物に寄生していたり、水中や土中にいるんだ。

ということは、僕らが輪廻転生した場合、この線虫に生まれ変わる可能性が一番高いということになる。ほかにも、オキアミとかアリとかが個体数としては多いようだね。

そんなものには生まれ変わりたくはない。そう思うのが自然だ。そこからインドでは、二つの方向性が生まれた。

「生天」と「解脱」

一つは「生天《しょうてん》」で、もう一つは「解脱《げだつ》」だ。

生天とは、死後天界に生まれ変わることを言う。簡単に言えば、死んだ後に天国に生まれ変わるということだね。そのためには、宗教の説く儀礼をまじめに実践し、倫理的・道徳的に正しい行いをする必要がある。

死後に天国に生まれ変わるという考え方は、どの宗教にも見られることだから、分かりやすい。インドでは、天界に生まれ変わることができれば、線虫などになって悲惨な生活を送る必要はなくなると考えられたんだね。

もう一つの解脱ということになると、こちらの方が理解するのは難しい。というのも、輪廻転生そのものから解放されることを意味するからだ。

ということはどういうことなんだろうか。

輪廻転生をくり返さないのであれば、死んだところですべては終わりだ。死ねば無になる。そういうことなのだろうか。

しかし、それは理想になるんだろうか。線虫にならなくてすむかもしれないが、先に無があるだけでは、好ましいことにはならないのではないか。いろいろと疑問が湧いてくる。それなら、天界に生まれ変わった方がいいのではないか。そうも思えてくる。

だからこそ、インドに生まれた仏教では、解脱するためにどうすればいいのか、あるいは、解脱とは何を意味するのかを、さまざまな形で探っていくことになったんだね。

カースト制度とヴァルナ制・ジャーティ

複雑なのは、ここにインド社会に特徴的な「カースト制度」がかかわってくるということだ。

カーストというのはもともとポルトガル語で、インドに生まれたことばではない。だから、インドの人々は、カーストを「ヴァルナ制」や「ジャーティ」ととらえてきた。

インドの身分制

ヴァルナ制というのは、身分を司祭であるバラモンをはじめ、武士であるクシャトリヤ、農民や商人などのヴァイシャ、そして隷属民のシュードラに分けるものだ。

古代のインドでは、バラモンが最高の身分で、彼らが司る宗教をバラモン教という。もっとも、バラモン教という呼び方は近代になってヨーロッパの人たちが使うようになったものだから、インドの人々は古代にバラモン教という宗教があったとは考えていなかった。

バラモン教で重要なのは、ヴェーダという聖典で、バラモンはそれに従ってさまざまな祭祀を行ってきた。

一方、ジャーティの方は、インドのなかにはさまざまな集団があって、それが特定の信仰や職業で結びついてきたことをさしている。そうした集団では、その内部で結婚をくり返し、別の集団に属する人間とは食事をともにすることもない。

職業が特定の集団と結びついているということで、選択の余地がないわけだから、それは差別とも言えるし、逆にそれ以外の集団の人間はその職業につけないということで特権でもある。カースト制度が、現在のインドの憲法で禁じられているのになくならないのは、そうした面があるからだ。

カースト制度というのは、こうしたジャーティがヴァルナ制と結びついたもの

聖典ヴェーダ

で、とても複雑な形になっている。

そこに輪廻転生の考え方がかかわってくると、ある人間がそのヴァルナやジャーティに生まれ落ちたのは、前世における行いの結果だというようにとらえられていく。ここで社会の秩序と宗教とが密接に関係してくるわけだ。

社会の秩序と宗教の関係

そうしたインドの社会のなかで、低い身分に生まれ、卑しい職業にしかつけないのであれば、それは苦であるということになる。逆に、高い身分に生まれて、高貴な職業につけたとしても、次の輪廻転生ではどういう存在に生まれ変わるかが分からない。その点でも人生は苦に満ちていることになる。

そこで、インドでは現実の社会に価値をおかず、それを否定する「現世否定」、あるいは「現世拒否」の考え方が強くなった。

バラモン教の歴史、仏教の歴史

インドの場合、歴史というもの、あるいは歴史を記述することに関心が向けられなかった。第5講でギリシアの歴史書についてふれたけれど、古代のインドにはめぼしい歴史書が生まれなかった。それも、現世における事柄に関心がむけられなかった結果だね。輪廻転生してしまうのだから、現世はひとときのことで、その歴史について記述しようという意欲など生まれなかったんだ。

だから、インドの歴史は曖昧としていて、古代ともなれば、決定的に史料に乏しい。バラモン教の歴史がどうなっているかなんて、どこにも書かれていないんだ。

それは、仏教についても言える。

仏教の歴史をたどろうとしても、歴史的な史料というものが存在していない。仏教の開祖であるブッダが、いつの時代の人物だったのかはっきりしないのも、それをはっきりとさせてくれる史料がないからだ。

仏教の研究者は、仏教の聖典である仏典をもとに、その歴史を明らかにしようとしてきたけれど、仏典自体、ブッダが亡くなった後、かなり時代が経ってから作られたものだ。

神話に見るブッダの生涯

その点で、ブッダにまつわることは伝説、あるいは神話として考えた方がいい。

ブッダについての神話によれば、王族の子どもに生まれたガウタマ＝シッダールタは、結婚し、子どもまでもうけたにもかかわらず、人間には生老病死の苦が避けられないという思いを強くし、出家したとされる。生老病死とは、生まれることも、老いることも、病むことも、死ぬこともすべて苦を生むことになるという意味だ。

生まれること自体が苦を生むというのは、僕らには理解が難しいけれど、輪廻転生のことが背景にあるから、そういう考えが生まれたんだね。インドでは、今でもそうだけれど、苦からの解放を求めて出家する伝統がある。

出家したシッダールタは、師匠について修行をし、苦行までしたけれど、解脱することができなかった。そこで苦行を実践していた山から下り、菩提樹の下で瞑想に入って悟りを開いた。これで、悟った人間を意味するブッダになったわけだ。

悟ってからのブッダは、80歳前後で亡くなるまでインド各地を歩き廻り、悟りの内容を説教していったとされる。ブッダには弟子も生まれ、説教の内容が後に仏典にまとめられることになる。

一神教の聖典と仏典の違い

ただ、間違いなくこれがブッダの教えだというものは仏典には残されていない。仏典は、後の時代の仏教の信者が、ブッダの悟りとはこういうものだと解釈し、それを書き残したものだと考えた方がいい。

そこが一神教の聖典と仏典の大きな違いだね。一神教の聖典は、最初にそれが定められ、それ以降は変化したり、編集の手が加えられることはない。

それに対して、仏教の場合には、歴史とともに教えの内容はどんどんと変化し、さまざまな方向に展開していった。その点で、仏教は教えが固定化されないダイナミックな宗教だとも言えるんだ。

ジャイナ教、ヒンドゥー教の歴史

ブッダと同じ時代には**マハヴィーラ**[1]という人物が現れ、ジャイナ教を開いた。マハヴィーラの生涯はブッダと似ているし、その教えも共通した部分が少なくない。ただ、ジャイナ教の方が、生き物を殺さない不殺生の教えが徹底されている。不殺生の教えは、ヒンドゥー教でも説かれていて、インド全体に共通するものだ。**マハトマ・ガンジー**[2]の非暴力の思想も、遡ってみれば、この不殺生の教えに行き着く。

ウパニシャッド

仏教やジャイナ教が出現することで、それに刺激を受け、バラモン教のなかにウパニシャッド哲学が生まれた。そこでは、個々の人間と宇宙が一体であるということに気づくならば、解脱にいたるという「梵《ぼん》我《が》一如《いちにょ》」の思想が説かれるようになる。

ヨーガは、今の日本では健康法の一種だと見なされているけれど、もともとはインドに生まれたもので、梵我一如の状態に至るために行われる修行の方法だったんだね。

仏教にもとづく統治

仏教を広める上で重要な役割を果たした権力者が、インド最初の統一王朝と言われるマウリヤ朝の**アショーカ王**[3]だ。アショーカ王は、紀元前268年ごろから232年ごろまで在位したとされているけれど、インド各地に石の柱を建て、それや自然にある岩などに、自分が仏教に帰依し、それにもとづいて統治することを述べた碑文を刻ませた。この碑文があることで、ブッダの活動したおおよその年代が推定されているわけで、仏教の歴史を考える上ではとても重要なものだ。

アショーカ王は、国家を統治するために仏教の教えを生かそうとしたことにな

1　**マハヴィーラ**（前549～前477〔前447～前372〕）ジャイナ教の開祖。マハヴィーラは偉大な勇者を意味する尊称。30歳で出家、12年の苦行後、悟りを開きジナ（勝利者）に。ゴータマ・ブッダと同時代の自由思想家（六師外道）の一人。

2　**マハトマ・ガンジー**（1869～1948）インド民族運動の思想的指導者。市民的不服従の非暴力的方法によって戦う。「インド独立の父」と呼ばれる。ヒンドゥー、イスラーム両教徒の融和に努めたが、右派ヒンドゥー教徒により暗殺。

3　**アショーカ王**（生没年不詳）インドのマウリヤ朝第3代の王（在位、前268頃～前232頃）。インド最初の統一王国を築く。仏教を保護し、自らも改宗。インド各地に仏塔を建設する。理想的な信仰を持つ王として多くの説話を生む。

るけれど、王の死後、マウリヤ朝は衰えてしまう。それ以降、インドの権力者によって仏教が保護されるということはあっても、ローマ帝国のキリスト教のように国教とされるようなことはなかった。むしろ、マウリヤ朝の後のクシャーナ朝などの王朝では、王たちは、バラモン教から発展したヒンドゥー教を熱心に信仰した。

ただ難しいのは、ヒンドゥーというのはペルシア語でインドのことをさすもので、インドにあるさまざまな信仰の総称という性格が強い。仏教やジャイナ教も、その一部であるとも考えられるわけで、ヒンドゥー教と明確に区別できるのかどうか、その点が怪しい。

ヴィシュヌの化身

ヒンドゥー教は多神教で、さまざまな神々が信仰の対象になっているけれど、世界の創造を司るフラフマー、世界を維持するヴィシュヌ、世界を破壊するシヴァがもっとも重要だとされる。とくに、ヴィシュヌとシヴァに対する信仰がインドでは重要なものになっていくんだけれど、ブッダは、ヴィシュヌの化身の一つだともされている。化身というのは、姿を変えて現れたものだということだ。その点では、仏教はヒンドゥー教の信仰のなかに取り込まれたとも言える。

ヒンドゥー教で化身のことを「アヴァターラ」というけれど、これが、ゲームやＳＮＳに登場する「アバター」の語源なんだ。これは興味深いことなのかもしれないね。

では次に、同じ東洋に含まれる中国のことを見ていくことにしよう。中国には儒教や道教が生まれ、インドからは仏教も伝えられ、インドとは異なる方向にむかっていったんだ。

第8講

古代における中国の宗教

儒教・道教は宗教か？

先進国「中国」

古代から近代に入るまで、日本にもっとも大きな影響を与えた国が中国だ。最近では、中国は経済力をつけ、その分、その存在感が増しているね。

日本がはじめて中国とかかわりをもつのは、3世紀になってからだ。邪馬台国の女王であった**卑弥呼**[1]が中国の魏の国に使節を送り、貢ぎ物を送って、「親魏倭王」

という称号を与えられたということが、「魏志倭人伝」という中国の歴史書に出てくる。

それから日本は中国と密接な関係を結んでいくことになるけれど、中国にはそれよりもはるかに昔の時代から文明が栄えていた。その点で、古代の日本にとって中国は間違いなく先進国だった。

仏教公伝

宗教という面にかぎっても、中国土着の儒教や道教、それにインドから伝えられた仏教は、中国を通して日本に伝えられることが多かった。仏教が正式に日本に伝えられる「仏教公伝」は朝鮮半島の百済を通してだけれども、それ以降、日本の僧侶は中国に渡って仏教の教えを学んでくるようになる。

逆に、宗教にかんして、日本が中国に影響を与えるということは近代になるまでほとんどなかった。それほど中国の影響は大きいんだね。

儒教は**孔子**[2]の教え、道教は**老子**[3]の教えということになるけれど、果たしてこの二つを宗教としてとらえていいのかということになると難しい面がある。儒教の

1　**卑弥呼**（生没年不詳）２世紀末から３世紀前半（弥生文化後期）の邪馬台国女王。「魏志倭人伝」によると、30ヵ国以上を統治し、２３９年に魏の明帝に朝貢し、親魏倭王の称号と金印紫綬などをおくられた。

ことを儒家、道教のことを道家と言うのも、宗教というより、思想や道徳としての面が強いからだね。

それに、儒教の場合、教団を作るということがなかった。道教だと、後の時代になると教団が作られるようになり、仏教の僧侶にあたる道士や、寺院にあたる道観が生まれることになる。その点では、道教は間違いなく宗教だ。ところが儒教の方は、社会的な倫理・道徳としての性格の方が強かった。

倫理・道徳を説いた儒教

孔子の説いた教えを記した「論語」は、今でも広く読まれているけれど、そのなかに「怪力乱神を語らず」ということばがある。

これは、理性では説明のつかない不思議な現象についてはあえて語らないという意味だから、この点でも儒教を宗教として考えていいのか、それが問題になってくる。

儒教は倫理・道徳を説くものだから、とくに政治を司る為政者がどうふるまうべきかを問題にしている。中国では、生まれ育ちとは関係なく、誰もが官吏になれる「科挙」の制度が作られるけれど、それに合格するには儒教にもとづく儒学という学問を学ばなければならなかった。その点でも、儒教は現実の社会生活と深くかかわり、それとは区別できないものだった。

道教の理想としての自然

それが道教になると、儒教とはかなり性格が違う。道教の創始者である老子自身が神話的な人物で、仙人のようでもあった。仙人になることは道教の理想でもあり、現実の社会から離れて自然にまかせた生き方をしようというわけだから、儒教とはまったく性格が違うものだった。

ただ、だからといって儒教と道教が対立したというわけでもない。現実の社会のなかで活動するあいだは儒教の教えに従い、年老いて仕事から退いたら道教の理想を追究するということもできるからね。その点で、どちらかを選ばなければならないという必要がなかった。

諸子百家

古代の中国では、こうした儒教や道教のほかに、さまざまな思想が生まれ、それは「諸子百家」と呼ばれたんだけれど、後世に対する影響ということでは、儒教と道教が抜きん出ていたと言えるね。

2　孔子　☞53頁の注**4**参照。

3　老子（生没年不詳）中国、春秋戦国時代の楚の思想家。姓は李、名は耳、字は伯陽。儒教を否定し、無為自然の道を説く。道家（老荘）の祖とされる。『老子』の作者ともいわれるが、その時代は不明。

仏教における大きな変化

中国への仏教伝来

ここで重要なことは、すでに儒教や道教が存在するところに、西域から仏教が伝えられたことだ。1世紀頃のことだと言われる。4世紀後半になると、仏教は中国でもかなりの広がりを見せることになる。

インドの仏教については前の講義で説明したけれど、インド仏教も歴史を経るにつれて大きく変化していった。

最初の頃の仏教では、かなりシンプルな教えが説かれていて、いかに苦から解脱するかが根本的なテーマになっていた。苦から脱する方法として、「縁起説」や「四諦八正道《しだいはっしょうどう》」が説かれたんだけれど、これはいかに苦が生まれてくるのかを明らかにし、その苦から逃れる方法を示したものだった。要するに、ブッダの悟りにいかに近づくかが課題となっていたわけだ。

小乗仏教

ところが、やがてインド仏教のなかに新しい流れが生まれるようになる。それが、「大乗仏教」と呼ばれるもので、大乗仏教を信仰する人たちは、それまでに存在していた教えを「小乗」と呼び、自分たちより劣ったものだととらえた。乗

部派仏教

というのは乗り物のことで、大きな乗り物の方がたくさんの人たちを救うことができるというわけだ。

逆に、小乗の人たちからすれば、自分たちが劣っているとは考えないわけで、現在では、小乗仏教などとは言わずに、「部派仏教」といった呼び名が使われるようになってきた。部派仏教は、インドからスリランカに伝えられ、そこから東南アジアに広がっていくことになる。

今でも東南アジアでは部派仏教が盛んだけれど、その特徴は、出家での生活を重視することにある。

出家というのは、世俗の生活を捨てて、もっぱら仏教の教えを学び、それを極める活動を行うことだ。出家者はお経を読んだり、瞑想をしたり、儀式を営む。タイなどでは、朝、出家した僧侶の人たちは、鉢を持って近くの街へ出かけていく。托鉢をするためだね。すると、信者の人たちが待ち受けていて、鉢のなかに食事を入れてくれる。物やお金を入れてくれることもある。

僧侶の方は、その食事を寺へ持ち帰り、午前中、二度にわたって食べることになる。午後は食べない。食べることにとらわれてはならないというわけだ。ほかにも、戒律がいろいろ定められていて、僧侶はそれに従って生活する。生活全体が、戒律を守りながら悟りをめざすためのものになっている。

一方、食べ物を僧侶に用意した一般の人たちは、それによって徳を積むことができると考えられている。それを、タイでは「タム・ブン」と呼ぶんだ。

ここには、輪廻転生の考え方がかかわっていて、徳を積むと来世はよりよい世界に生まれ変わることができると考えられているんだね。

ブッダの場合にも、こうした生活をしていたのではないかと想像されている。ブッダにならった生活を送ることが、部派仏教のめざすところになるわけだ。

こうした部派仏教の教えは、パーリ語というインドのことばで記されていた。ところが、それではあまりに単純すぎると考えられるようになったのか、もっと複雑で高度な教えを説くようになった人たちが仏教のなかに現れた。それが大乗仏教ということになるんだけれど、大乗仏教の教えを記した経典は、もともとはバラモン教のバラモンたちが使っていたサンスクリット語で記された。バラモンが使っていたわけだから、難解な哲学を展開するにはふさわしいことばだったんだね。それに比べると、パーリ語は難解な教えを説くのに不向きだった。

大乗仏教

大乗仏教の特徴については、自分の救いだけを求めるのではなく、ほかの人間を救うことに重点がおかれるようになり、菩薩信仰が強調されるようになったと、教科書では説明されている。

ただし、大乗仏教がどのようにして生まれてきたのか、実はあまりよく分かっていないんだ。いろいろな説が立てられてはいるんだけれど、最近になればなるほど、専門家の間でも、大乗仏教がなぜ生まれたのか、それはいつ頃のことなのかはっきりしなくなっている。それほどインドの歴史は分かりにくいんだ。

仏教の経典は、ブッダ没後に書かれた

結集

それで、仏教にかんして不思議に思うことがあるはずだよね。

仏教はブッダの教えにはじまる。それが前提だよね。

ところが、パーリ語の部派仏教の経典にしても、サンスクリット語の大乗仏教の経典にしても、それはみなブッダが亡くなってからかなり後になって作られたものだ。

となると、そうした経典にブッダの教えが本当に記されているものなのだろうか、当然、そうした疑問がわいてくるよね。

仏教の世界では、ブッダが亡くなった後、「結集《けつじゅう》」ということが何度か行われ

たと伝えられている。結集は、弟子たちが集まって、自分たちが覚えているブッダの教えを確認しあい、そこで教えをまとめる場だったとされている。

けれども、結集が本当に行われたのか、それがいつのことだったのか、それもよく分からない。

大乗仏教の経典

分からないことだらけだけど、はっきりしているのは、大乗仏教の経典には、「阿含経」やら、「法華経」やら、「浄土教」やら、「華厳経」やらとさまざまなものがあって、それぞれの経典で説かれている内容がまるで異なっているということだ。

中国では、ブッダは、信者たちの理解度に応じて、異なる時期に違う教えを説いたのだという説も生まれるんだけれど、それにしても内容があまりにも違いすぎる。後の時代の人たちが、ブッダの悟りはこういうものではないかと自分たちで考えて書いたとしか思えない。現在では、大乗仏教の経典にブッダの教えが直接に記されていると考えるような専門家はいないんじゃないだろうか。

「空」の教え

仏教の世界で最大の思想家と言われるのが龍樹《ナーガールジュナ》という人で、彼は「空」の教えを説いて、その後の仏教に相当に大きな影響を与えるようになる。

龍樹がいつの時代に生まれたかはっきりしないところもあるんだけれど、2世紀頃の人ではないかと言われている。龍樹がブッダの数百年後に生まれたのは間違いのないところで、その思想はブッダとはまったく違う。ブッダは、すべては空だなんて説いていないからね。少なくとも部派仏教の経典には、空は説かれていない。

「悟り」とは何か？

こうなってくると、仏教とはいったいどういう宗教なのかということになってくるんだけれど、僕はこのように考えたらいいのではなかろうかと思っている。

キリスト教やイスラーム教といった一神教では、唯一絶対の神のことばがもっとも重要で、それが聖典に記されている。信仰のあり方は、そうした聖典にもとづいている。そこから外れることは認められていない。

ところが仏教では、一番重要なのはブッダが悟りを開いたという事実だ。その事実は動かしようがないことだけれど、悟りの内容がどういうものかということは必ずしも一つには決まっていない。ブッダの悟りは高度で、一般の人間には理解が難しいとも考えられている。

仏教の信者は、ブッダの悟りがどういうものかということを常に考え、一歩でもそこに近づこうとしてきた。そして、自分たちで悟りはこういうものではないかと想像し、それを経典にまとめてきた。だから、多くの経典が作られ、その内容が異なっているわけだ。

そこで、正しい経典を一つに決めようという動きが起こったとしたら、状況は大きく変わっていたかもしれない。けれども、そうした方向には進まなかった。

ということは、仏教というものは、ブッダの教えから出発しているというより、悟りとは何かを明らかにしようとする多様な思想運動の総称として考えた方がいいということになってくる。

儒教・道教と仏教との対立

仏教＝ギリシア哲学？

第5講でギリシア哲学についてふれたけれど、仏教はギリシア哲学のようなものではないだろうか。ギリシア哲学といっても、そこにはたくさんの哲学者がいて、哲学者によって説く教えはまったく違っていた。哲学者のあいだではさまざまな論争さえ起こったくらいだからね。

仏教の場合にも、そのなかには、さまざまな思想家がいて、それぞれに説く教えは異なっていた。教えが異なっていたからこそ、論争も戦わされ、そのなかで教えはより洗練されたものになっていった。

聖典が一つに定まっていると、どうしてもそれに縛られてしまうことになるんだけれど、仏教ではそうはならなかった。仏教の方が宗教としては自由だ。そのようにも考えられるわけだ。

ヨーロッパの人たちが最初に仏教のことを知るようになったとき、仏教は宗教ではなく、哲学ではないかと考えたのも、仏教がこうした性格を持っているからだ。

だから、中国に取り入れられた仏教も、さらに変化していくことになる。その際に仏教に大きな影響を与えたのが、すでに中国に存在していた儒教や道教だった。

儒教や道教には、中国の人たちの価値観が示されていて、それはインドの人たちの価値観とは大きく違ったわけだけれど、そうなると、儒教や道教と新しく入ってきた仏教のあいだで対立も起こるようになる。

そのことは、中国における仏教の歴史に大きな影響を与えることになるんだけれど、最初は不思議な説も唱えられた。

老子化胡説

それが、「老子化胡説《ろうしかこせつ》」というものだね。これは、道教の創始者である老子がインドへ行って、それでブッダになったという説だ。だから、仏教の教えはもともとは道教の教えだというわけだ。

もちろん、そんな証拠はないわけだけれど、どうも道教の人たちが、道教の方が仏教よりも優れているということを主張するために、そんな説を唱えたようだね。

今考えると、そんなことはあり得ないということで済んでしまうけれど、当時の中国では、これがかなりの論争になった。道教の側としては、それだけ仏教が中国社会に浸透することが脅威に感じられたんだ。

こういう話はよくある。日本でも、源義経は死んだのではなく、大陸にわたってモンゴル帝国のチンギス＝ハーンになったという説が唱えられたことがある。幕末に来日して蘭学を説いたフィリップ・フォン・シーボルトが、この説の信奉者で、著作のなかで熱心に書いていた。英雄である義経を簡単に殺してしまってはもったいないということで、そんな説が信じられたんだね。

ちょっと、話が脱線してしまったけれど、次には、中国で仏教がどのように受け入れられ、また変わっていったのかについて講義しよう。インドでの仏教のその後についても語りたいと思っている。

コラム　宗教と哲学

宗教はどこの国、どこの民族にも見られるが、哲学ということになると、必ずしもどこにでもあるわけではないように思える。

古代においては、文明が高度に発達した社会にだけ哲学が生まれたようだ。ギリシアがその典型で、中国やインドにも哲学が生まれた。

イスラーム教が広まっていくようになると、独自の哲学が生まれるが、それはギリシアの哲学を下敷きにしていたりした。ヨーロッパの哲学も、その根底にはギリシア哲学がある。

哲学は世界の本質が何かを極めようとするもので、その点では宗教と重なる。宗教は、世界のはじまりを説くことで、世界がどのような形で成り立っているかを示すからだ。だからこそ、とくに宗教と哲学は対立するとも言える。キリスト教やイスラーム教は、唯一絶対の創造神が実在することを前提としているけれど、哲学を極めていくと、神の実在を疑うような考え方も出てくる。

けれども、神を否定すれば、迫害を覚悟しなければならない。そこで哲学者は、神への信仰と矛盾しない形で、なんとか世界の成り立ちを説明しようと試みてきた。「哲学は神学のはしため」ということばがあるが、神学の方が価値が高いと考えられた時代は長かった。

現代では、神学の力は衰え、哲学者は自由に思索を展開できる。しかし、自由であることで方向性を失うこともある。そこが難しい。

第9講

仏教は中国化しインドからは消滅する

キリスト教、仏教、それぞれの布教の仕方

中国には西域から仏教が伝えられたわけだけれど、仏教の本場はインドだ。キリスト教を広めるというときには、宣教師と呼ばれる人たちがそれぞれの国に出向いていって、そこで布教活動を展開する。パウロはローマ帝国のなかで布教活動を行ったし、**フランシスコ＝ザビエル**[1]が15世紀の日本にポルトガルの王か

ら派遣されてわざわざやってきたのも、キリスト教宣教のためだった。

ところが、仏教になると、布教の仕方はそれとは反対になる。仏教を受け入れる側が出かけていき、それで教えを取り入れることになるんだ。

求法

こういうやり方は「求法《ぐほう》」と呼ばれる。

今では仏教という呼び方が一般的だけれど、昔はむしろ「仏法」や「仏道」と呼ばれていた。仏法を求めることが求法で、具体的には、中国の僧侶がインドまで出向き、現地の僧院で仏法を学んだり、教えを記した仏典を持ち帰るということをやった。帰国して、仏典をサンスクリット語から中国語に翻訳するわけだ。中国語の仏典は「漢訳仏典」と呼ばれてきた。

ただ、中国からインドへ行くと言っても、これが相当に大変なことだ。中国とインドは国境を接してはいるものの、そのあいだにはヒマラヤ山脈が横たわっている。世界の最高峰エベレストも、そのなかにある。今なら登山の技術も発達しているので、エベレストにも登ることができるけれど、昔はそんなことできるは

1　**フランシスコ＝ザビエル**（1506～1552）スペインのカトリック修道者・宣教師。イエズス会創立時の最初の同志のひとり。1541年より東洋への宣教をはじめ、1549年、日本に初めてキリスト教を伝える。スペイン語読みはハビエル。

ずもなかった。
当時の中国の都は長安にあった。今の西安だ。そこからヒマラヤ山脈を迂回し、シルクロードを西に行って、それからインドへ入っていくしかなかった。当時としては本当に大変な旅だった。

仏国記

4世紀の終わりに、中国からインドへ向かった法顕《ほっけん》という僧侶は、「仏国記」という旅行記を残しているけれど、仲間10人と出発したのに、15年かけて戻ってきたときには自分一人になっていた。途中、タクラマカン砂漠を通らなければならなかったし、帰りは海路だったけれど、暴風雨に遭ったりと、苦難の旅の連続だった。

それでも、なんとか本場の仏教に接し、それを取り入れようと、法顕の後にもインドへ求法の旅に出る僧侶が現れた。

大唐西域記

なかでも有名なのは、唐の時代の**玄奘**《げんじょう》[2]や**義浄**《ぎじょう》[3]だね。とくに玄奘は、「西遊記」の三蔵法師のモデルだ。玄奘は「大唐西域記」という旅行記を書いていて、それが「西遊記」に取り入れられた。もちろん、孫悟空は架空の人物（猿!?）だけれどね。

玄奘がインドへ向かったときには、インドへ行くことが禁じられていた。そこで、彼はこっそりと中国を旅立った。この旅には16年かかっているけれど、玄奘は、インドにあった仏教の僧院で学んだりした。そして、657部もの仏典を唐に持ち帰った。

仏典の翻訳と中国仏教の発展

帰国後の玄奘は、持ち帰った仏典を中国語に翻訳する作業に没頭した。それまでは、魏晋南北朝時代の**鳩摩羅什**《くまらじゅう》[4]という僧侶が翻訳した仏典が中国で用いられていたんだけれど、玄奘が持ち帰った仏典のなかには鳩摩羅什が翻訳していないものもかなり含まれていた。翻訳があるものについても、玄奘は改めて翻訳している。この玄奘の求法の旅と仏典の翻訳によって、その後の中国仏教は大きく発展していくことになる。

2　**玄奘**（602〜664）中国、唐代の僧。三蔵法師とも称される。13歳で出家。その後仏典への疑問を解くため、インドを訪れナーランダ寺で学ぶ。太宗の命により経典を訳出し、75部1335巻に及ぶ。法相宗の祖ともされる。

3　**義浄**（635〜713）中国、唐代の僧。671年、インドに渡り、ナーランダ寺で仏教の奥義を極める。各地をめぐり695年、梵本400部を持って洛陽に戻る。華厳経などの仏典56部330余巻を漢訳。華厳宗成立に寄与。

4　**鳩摩羅什**（344〜413）中国、六朝時代の仏典の翻訳家、中央アジア亀茲国の僧。長安に迎えられ、法華経・阿弥陀経など35部300巻を漢訳。三輪宗の祖。平易で巧みな訳文は、後の時代まで読み継がれる。

飛鳥時代の日本人の僧侶に道昭（道照とも）という人物がいるんだけれど、道昭は唐の国にわたって、直接玄奘のもとで学んでいる。このことを考えてみると、玄奘との距離がぐっと近くなるよね。

玄奘などの働きもあって、唐の時代の仏教はとても盛んなものになっていく。唐の国、あるいはその都である長安も大いに栄えた。長安などは国際都市として各地域からさまざまな人たちが訪れるようになったんだ。

ネストリウス派

入ってきた宗教も仏教だけじゃないね。キリスト教の一派であるネストリウス派も入ってきた。ネストリウス派は、431年に開かれたエフェソス公会議で異端と定まったので、その信者たちは、ペルシアや中央アジア、そして中国へ移っていった。中国でネストリウス派は景教と呼ばれた。中国の明の時代に、「大秦景教流行中国碑」という石碑が発掘されて、唐の時代の長安で景教が栄えていたことがはっきりとしたんだ。

ほかにも、ペルシアのゾロアスター教が祆教《けんきょう》として入ってきたし、マニ教も伝えられた。マニ教はその後滅んでしまうんだけれど、今でも中国にはマニ教を信奉している村があったりする。もっとも土着の信仰と混じり合ってしまっているので、果たしてそれをマニ教としてとらえていいのか、それは難しいところだ。

独自な発展を示し、様々な宗派が生まれた中国の仏教

浄土宗／禅宗

中国に取り入れられた仏教は、そこで独自な発展を示すことになる。特徴的なのは、宗派というものが生まれたことだね。同じ一つの宗教のなかで異なる教えを説くのが宗派だ。浄土宗や禅宗は、日本にも伝えられるけれど、こうした宗派はインドにはなくて、中国で生まれたものなんだ。

浄土宗では、死後に極楽往生を果たすために念仏を唱えることが勧められた。インドの仏教は輪廻転生のくり返しから解脱することを一番の目的にしたけれど、中国では、それよりも死後により良い世界に生まれ変わることが求められたんだね。生天《しょうてん》の方向にむかったとも言える。

インドでもヨーガなどの瞑想法が開拓されたけれど、禅宗は坐禅という瞑想の方法を中心に発展していった。坐禅も悟りをめざすものだから、まさに仏教の伝統の上にあるわけだ。けれども、もっぱら坐禅に打ちこむ集団が生まれたところに中国の特徴がある。禅は「ZEN」として世界的に広がっている。アップル社を作ったスティーブ・ジョブズが、日本の禅僧に傾倒したのは有名な話だ。

法相宗／三論宗／華厳宗

ほかにも、唯識の教えを説く法相宗や、龍樹の空の思想にもとづく三論宗、華厳経を信奉する華厳宗、法華経にこそブッダの本当の教えが記されているとする天台宗、さらには、密教にもとづく真言宗が生まれた。

道昭が玄奘から学んだのは法相宗の教えで、三論宗や華厳宗とともに奈良時代の日本に伝えられて、「南都六宗」になった。

天台宗／真言宗

天台宗と真言宗が日本に伝えられたのは平安時代になってからで、唐に留学した**最澄**[5]と**空海**[6]がそれを日本にもたらした。

密教

密教もインドで生まれたものだけれど、大乗仏教のなかでもかなり後になってから発展した。インドにはもともと神秘な力を操る呪術的な信仰が広まっていた。そうしたものが仏教に取り入れられることで密教が誕生したんだね。

密教は抜群の力を発揮すると信じられたから、日本でも爆発的に流行した。とくに密教が力を持ったのがチベットだ。チベットでは密教と土着の民間信仰が融合して、チベット仏教、あるいはラマ教と呼ばれる特異な仏教が広まった。このチベット仏教は、後にモンゴル帝国にも取り入れられることになる。

廃仏

ただ、中国では「廃仏」ということが何度もくり返された。主なものとしては4回あるんだけれど、皇帝が仏教ではなく、道教の信仰に熱中するようになったりすると、仏教を排斥する動きが起こった。

唐の時代にも、武宗という皇帝の時代に「会昌《かいしょう》の廃仏」ということが起こった。840年から846年までのことだけれど、仏教だけではなく景教なども弾圧された。その時代に、日本の天台宗の僧侶だった円空が唐に留学していて、円空もこの廃仏にあい、いったんは僧侶を辞めなければならなかった。そう命じられたんだね。円空はそうしたことについて、「入唐求法巡礼行記《にっとうぐほうじゅんれいこうき》」という旅行記に書き残している。

日本では、こうした廃仏は明治時代に入るときに一度だけ大々的に起こった。「廃仏毀釈」だ。ただ、それ以前には大規模な廃仏は行われなかった。

廃仏は、仏教とともに儒教を取り入れた朝鮮半島でも、14世紀の終わりに朝鮮王朝が成立したときに起こっている。韓流ドラマの時代劇は、朝鮮王朝の時代の

5 **最澄**（766／7～822）平安初期の僧。日本天台宗の開祖。比叡山に登り延暦寺のもとを作った。804年、遣唐船で空海とともに入唐し、天台の奥義を学ぶ。晩年は徳一との教理論争を行う一方で、大乗戒壇の設立に力を尽くす。

6 **空海**（774～835）平安初期の僧。真言宗の開祖。諡号は弘法大師。804年、最澄とともに入唐し翌々年帰朝。高野山に金剛峯寺を建立し、東寺を真言道場とした。書にもすぐれ、三筆の一人として知られる。

話だね。

一旦廃仏が起こると、寺院や仏像が破壊されてしまうから、それよりも前のものが残らなくなる。日本で法隆寺や薬師寺といった古い寺やそこに安置された仏像がそのまま残されているのも、廃仏がくり返されなかったからだ。

仏教と儒教・道教との融合

廃仏といったこともあって、中国では、仏教は次第に衰え、儒教や道教と融合していくことになる。今ではそうした中国での信仰のあり方全体をさして、「中国の民間信仰」と呼ばれたりする。

なぜ仏教は発祥の地で消滅してしまったのか?

仏教衰退の兆し

一方、仏教の本場であるインドでのことだけれど、法顕や玄奘がインドを旅した時代には、すでに仏教は衰えを見せていた。二人は、そのことを旅行記に記している。

最終的には、インドにイスラーム教が広がることで仏教は13世紀のはじめにインドから消滅していくことになるけれど、その兆しはかなり前から見られたわけだね。

宗教は一度生まれると、滅びてしまうことは少ない。ところが、仏教は13世紀以降、インドから消滅してしまうことになった。仏教はインドからさまざまな地域に伝わって、それは生き残ったんだけれど、発祥の地では信者がいなくなってしまった。

近代に入るとインドはイギリスの植民地になるわけだけれど、その時代に、学者もインドまでやってきて、インドの宗教を研究するようになった。

すると、古代のインドには、今は消滅してしまった仏教という宗教が存在することに気づいた。歴史的には、仏教よりもバラモン教の方が古いわけだけれど、仏教は消滅してしまったんだから、バラモン教よりも古いと考えたんだね。それも仕方のないところだ。やがては、仏教よりもバラモン教の方が古いということが明らかになるけれど、そうした誤解が生まれたのも、仏教が消滅していたからだね。

後にインドにもたらされたイスラーム教も仏教と同じようにカースト制度を否定するので、その点で、仏教が必要とされなくなったという面はある。

ヒンドゥー教との共通点

けれども、インドで仏教が消滅した一番の理由は、仏教とヒンドゥー教とがさまざまな面で似ていたということにあったんではないだろうか。解脱を目的にするところでも同じだし、出家を重視するところでも共通している。

果たしてインドの人たちが、仏教とヒンドゥー教をはっきりと区別していたのかどうか、それも考えてみれば怪しいところがある。

ただ、インドではバラモン教の時代から、数多く存在する神々の像を造るということはなかった。

ところが、仏教の世界では、ギリシアの神像の影響を受けて、クシャーナ朝の時代に、ガンダーラ地方で仏像が造られるようになる。それが影響し、やがてヒンドゥー教でも神像が造られるようになる。

二大叙事詩が生まれる

クシャーナ朝の時代のヒンドゥー教に起こった重要な出来事としては、「マハーバーラタ」と「ラーマーヤナ」という二大叙事詩が生まれたことだね。

「マハーバーラタ」では、世界のはじまりから語られるから、それは神話として考えていい。この神話の物語には、パーンダヴァ族とカウラヴァ族という二つの部族が登場し、部族間の争いが語られていくことになるけれども、そこではさまざまな興味深いエピソードが語られていく。ペルシアに生まれた「千夜一夜物語」のようなものだ。

一方、「ラーマーヤナ」の方は、コーサラ国のラーマ王子の物語だ。王子は妻を奪われてしまい、それを取り戻すために戦いを挑む。英雄の物語ということになる。

神話が聖典と同じ役割を果たす

古事記／日本書紀

一神教の世界では、聖書やコーランのような聖典が決定的に重要で、信者はそうした聖典に記された神の教えにしたがって生活を送ることになる。

それに対して多神教の世界では、そうした聖典が欠けている。多くの経典が作られたとしても、信者の生活を律するような究極の聖典は存在しない。

前にも述べたように、多神教の世界でそうした聖典と同じ役割を果たすのが神話だ。神話は、大昔の架空の物語ということになるんだけれど、その神話が伝えられている国や民族では、歴史上に起こった事実と区別されないことがある。

日本でも、戦前の時代、とくに対外戦争にのめりこんでいった時代には、「古事記」や「日本書紀」に記された神話は歴史上の事実であり、そこに登場する初代の神武天皇やその東征は事実と見なされていた。

インドでもごく最近になってそういうことが起こった。1987年に「ラーマーヤナ」がテレビのドラマとして放送され、驚異的な視聴率を達成したんだ。

「ラーマーヤナ」の物語のなかにはアヨーディヤというインドに実際にある場所が登場する。そこには昔、ヒンドゥー教の寺院が建っていたものの、ムガル帝国の時代に、イスラーム教徒によって破壊され、代わりにモスクが建てられたのだと伝えられてきた。

現代の宗教対立

インドでは、土着のヒンドゥー教と外来のイスラーム教のあいだでずっと対立が続いてきたんだけれど、「ラーマーヤナ」のドラマが大ブームになることで、ヒンドゥー教徒がアヨーディヤのモスクを破壊する行為に打って出た。モスクを破壊して、ヒンドゥー教の寺院を再建しようというわけだ。この出来事をきっかけに、インド全土で二つの宗教の信者どうしのあいだの対立が激化し、多くの死傷者が出た。大半は少数派であるイスラーム教徒だったとされている。

神話とナショナリズム

これなど、神話が現代に蘇った例だと言える。神話は、その国のはじまりから説くものだから、自分たちの国を過度に神聖視するナショナリズムと結びつきやすい。テレビのドラマがそこで大きな役割を果たしたというのは、とても現代的なことだ。

では次に、インドにも大きな影響を与えたイスラーム教について見ていくことにしよう。イスラーム教は中東に発し、帝国となって版図を広げていった。やがてキリスト教に次ぐ世界第2の宗教になるんだから、イスラーム教の発生と展開は世界史においてかなり重要な出来事になっていく。

第10講

イスラーム教の誕生とイスラーム帝国の拡大

イスラーム教はいかにしてはじまったか？

イスラーム革命

イスラーム教は、現在、キリスト教に次いで世界第2の宗教だ。だから、世界史の教科書でもイスラーム教については多くのことが語られている。

ただ、日本でこれだけイスラーム教についての関心がもたれるようになるのは最近のことだ。中東のイスラーム教が広がった地域には石油を産出する産油国が多く、1970年代になるとその重要性が増した。79年にイランで起こったイスラーム革命も、イスラーム教の存在に世界が注目しなければならなくなった重要な出来事だ。

性格の全く違う二つの宗教

ところが、日本には本格的な形でイスラーム教が伝えられたことがない。キリスト教の場合には宣教ということが重要なんだけれど、イスラーム教にはもっぱら宗教活動だけに専念する聖職者がいないので、宣教師が海外に出かけていて布教することがない。皆、仕事を持っているわけだからね。

だったら、どうやってイスラーム教が広まったのか疑問にもなってくるけれど、イスラーム教はキリスト教と似ているようでいて、性格がまったく違うところがある。その点に注意する必要があるんだね。

イスラーム教は7世紀のはじめにメッカの商人だった**ムハンマド**[1]が開いた宗教ということになっている。

でも、イスラーム教の考え方では、ムハンマドがその時点で新しい宗教を開い

1　ムハンマド（570頃～632）イスラーム教の教祖。メッカに生まれる。40歳頃に啓示を受け、唯一神への崇拝の重要性を説き始める。630年メッカを征服。アラビア民族を統合しイスラーム帝国の基礎を築いた。

たというふうには考えない。

中東では、それ以前にユダヤ教があり、そこからキリスト教が生まれた。二つの宗教の教えは、ユダヤ教の「トーラー」、キリスト教の「聖書」に記されているけれど、イスラーム教はその二つの聖典に記されたことを踏まえている。

とくにイスラーム教では、二つの聖典に含まれる「創世記」に登場するアブラハムという人物を重視する。アブラハムは、ようやく授かった子どもを犠牲にするよう神に命じられた際、何の疑問も抱かずにそれを実行しようとした。神はアブラハムの信仰を試したんだね。それが分かると、子どもの代わりに動物を犠牲にするよう命じてきた。

三つの宗教で同一の神

イスラーム教で使われるアラビア語では、アブラハムはイブラーヒムと呼ばれる。ユダヤ教とキリスト教、そしてイスラーム教はみな一神教で、唯一絶対の創造神を信仰しているわけで、その神は三つの宗教で同一だ。ムハンマドは、イブラーヒムをそうした神を信仰する者の模範としてとらえた。イスラームということばはもともと帰依するという意味なんだけど、これを忠実に実行したのがイブラーヒムだというわけだ。

「トーラー」に記されているのは、ユダヤ人の間の伝承だ。その点では、ユダヤ人だけが受け継いでいてもおかしくはないんだけれど、その周囲にいた人々の間にも広がっていった。これは興味深いことだね。

イスラーム教の教えの根本にあるもの

シャリーア

イスラーム教の場合、「シャリーア」と呼ばれるイスラーム法が重要だ。これは、ユダヤ教の法である「ハラハー」の影響を受けたもので、豚肉を食べてはならないといった食べ物についてのタブーは、シャリーアがハラハーから受け継いだものだ。

コーランとハディース

シャリーアのもとになっているのが、「コーラン」と「ハディース」だ。コーランは、ムハンマドが天使ジブリール（聖書ではガブリエル）を介して受け取った神からの啓示、メッセージを集めたもので、最初は口伝えされていたけれど、ムハンマドが亡くなった直後に一つの書物にまとめられた。

一方、ハディースの方はムハンマドが何を言ったか、どういった行動をしたのかについての言い伝えを集めたものだ。イスラーム教の世界では、ムハンマドは、キリスト教のイエス・キリストとは違ってただの人間とされている。けれども、もっとも信仰が篤い人間と見なされていて、その言動はイスラーム教徒が従うべき模範とされているんだね。

シャリーアで定められていることは、とても広い領域に及んでいて、どういう信仰生活を送るかだけではなく、日常の生活を送る上での約束事にまで及んでいる。法であるわけだから、今で言う民法や刑法に匹敵するようなことも、そこに含まれているんだ。

これもユダヤ教のハラハーと共通しているけれど、キリスト教で、こうした宗教と世俗の両方の生活にかかわるようなキリスト法が生まれなかったことについては、第6講ですでにふれたよね。

ウラマー

コーランも大部で、ハディースも数がとても多いんだけれど、それでもすべての事柄についてそこに記されているというわけじゃない。そこでシャリーアをどう解釈し、現実に適用するかで議論が生まれ、イスラーム教の世界ではそのための法学が発展した。そして、「ウラマー」という法学者が生まれることになる。

六信五行

イスラーム教の教えの根本となるのが、「六信五行《ろくしんごぎょう》」と呼ばれるものだ。六信は、神、天使、啓典、預言者、来世、神の予定からなっていて、これはイスラーム教徒の信仰対象となるものだ。

五行は、信仰告白、礼拝、喜捨、断食、巡礼からなっていて、イスラーム教徒が果たすべき勤めということになっている。

六信のなかにある神の予定というのは、この世界に起こる出来事はすべて神によって定められたもので、そこには必ず何らかの意味があるという信仰だ。これは、イスラーム教の信仰の根本にかかわることだ。

だから、イスラーム教徒は何か悪いことが起こっても、そこに神の与えた意味があると考える。人間にとっては悪いことでも、神はそれに意味を持たせているのではないか。人間はそのように考えなければならないということになる。

逆に、神が作り出してはいないものがあれば、それは間違っていることになる。教科書では扱われないけれど、お金を貸したときの利子は神が作り出したものではないので間違っている、利子はとってはならないというのがイスラーム教の教えだ。

利子の禁止

この利子の禁止は、ユダヤ教やキリスト教でも共通していて、信仰を同じくする仲間から利子をとる行為は、地獄に落とされても仕方がない悪と見なされてきたんだね。

でも、信仰が違う人間からは利子をとっていいということで、キリスト教の世界で生きるユダヤ人が金融業に進出することにもつながった。

イスラーム金融

さらには、いかに利子をとらない形でお金を貸すかという方法が、どの宗教でもしだいに作り上げられるようになる。そして、それを正当化するための試みが行われるようになる。今で言う経済学のようなものだ。現代ではイスラーム金融ということに注目が集まっているんだけれど、それも利子をとらない金融の仕組みなんだね。

ここいらへんのことはとても面白いところなんだけれど、教科書の範囲を超えている。でも、イスラーム教がどういう宗教であるかを理解する上では重要なんだな。

イスラーム教の共同体「ウンマ」の拡大

法の宗教

イスラーム教が法の宗教であるということは、同じ法に従う、つまりは同じ信仰を持つ人間たちが増えていった方が好ましい。信仰が異なる人間たちが同じ地域に混じり合って住んでいると、誰もがイスラーム法に従うわけではないので、社会生活が円滑に進まなくなってしまうからだ。

イスラーム教を信仰する人たちが集まった共同体を「ウンマ」と呼ぶんだけれど、イスラーム教は、このウンマを拡大していくことに力を入れた。でも、それまでの自分たちの信仰を守ろうとする人たちもいたわけで、そこで争いが起こった。

ムハンマドの生きていた時代には、アラブ人のさまざまな部族がイスラーム教を信仰するようになった。ウンマが拡大したわけだ。

ジハード（聖戦）

ところが、ムハンマドの亡くなった後には、「カリフ」という指導者が定められ、そのもとでアラブの外側にウンマを拡大しようとした。そこで戦争になったんだけれど、イスラーム教の側は、そうした戦いを聖なる戦い、「ジハード」と位置づけた。ジハードということばは、もともと努力という意味なんだけれど、ウンマの拡大も努力の一つと見なされ、それで聖戦という考え方が生まれることになった。

ただ、ウンマを拡大していくなかで、そこに含まれる地域に住む人たちをすべてイスラーム教に改宗させようとしたわけじゃない。

もちろん、その方がイスラーム教の側にとって好ましいことなんだけれど、それぞれの宗教を信仰している人たちにも伝統があり、信念がある。

ムハンマドは、イスラーム教を開くにあたって、メッカのカーバ神殿からアラブの各部族が祀っていた神像を一掃してしまったと伝えられていて、多神教については それを否定し、厳しい態度で臨んだ。

ところが、ユダヤ教徒やキリスト教徒については、同じ神を信仰する仲間ということで、「啓典の民」としてとらえた。そして、啓典の民であれば、税金をイスラーム教徒より多めに支払えば、その信仰を認めるという態度で臨んだんだね。

だから、ウンマが拡大していくと、キリスト教の世界では差別されていたユダヤ人がイスラーム教の世界で多く暮らすようになっていった。ユダヤ教の信仰を守ることができるからだ。

ただ、税金を多く徴収するというのは、なかなか賢いやり方で、少しでも支払う金を少なくしようとすれば、イスラーム教に改宗した方がいい。それで、かなり時間はかかったんだけれど、徐々にイスラーム教に改宗する人たちが増えていった。これがキリスト教とは異なるイスラーム教の布教方法ということになる。

正統カリフの時代から宗派の分裂、そして勢力拡大へ

イスラーム教では、カリフが最高の指導者になるわけだけれど、誰がこの立場

を受け継いでいくのかということでは、難しい問題が生じた。カリフは、ムハンマドの子孫が受け継いだわけじゃない。ムハンマドが属していたクライシュ族の人間であるということが条件の一つにはなっていたけれど、他には公正であるとか、法学の知識があるとか、基準にあいまいなところがあった。

最初のカリフであるアブー＝バクルからはじまって、ウマル、ウスマーン、アリーという4代は「正統カリフ」と呼ばれる。イスラーム教では、この正統カリフの時代こそ、正しい信仰が保たれていたと考えられてきた。

スンナ派とシーア派

ところが、そこで重大な事件が起こることになる。それが、スンナ派とシーア派の分裂ということに結びつくんだ。

正統カリフの時代は、ウンマが拡大していく征服戦争の時代で、その分、イスラーム教の世界も安定していなかった。そのため、第3代のウスマーンや第4代のアリーは暗殺されてしまう。

アリーの場合、ムハンマドのいとこにあたる上、ムハンマドの末娘と結婚していた。その点で、ムハンマドとの関係が深かった。だから、アリーを強く支持する信者たちがいた。

一方で、第3代のウスマーンが属していたウマイヤ家は、クライシュ族のなかで有力な家で、そこに属するムアーウィヤがアリーと対立し、アリーを暗殺することになるんだけれど、ムアーウィヤはウマイヤ朝というイスラーム教の王朝を打ち立てた。

カルバラーの戦い

このウマイヤ朝と戦ったのが、アリーの次男だったフサインだったんだけれど、カルバラーの戦いで敗れ、彼は殺されてしまう。これによって、イスラーム教の指導者はアリーの子孫でなければならないとする人たちが独立し、シーア派を作ることになる。

シーアというのは、アラビア語で党派という意味で、シーア派が生まれたことで、他のイスラーム教徒はスンナ派と呼ばれるようになった。シーア派では、カリフを最高指導者とはせずに、それを「イマーム」と呼んだんだけれど、そのイマームを誰にするかでもめ、さまざまな派が生まれることになった。

シーア派の人たちは、カルバラーの戦いを忘れないために、それを追悼する行事としてアーシューラーという儀式を続けてきた。恨みは忘れないというわけで、そのためにスンナ派とシーア派の対立は歴史を超えて受け継がれ、両者が和解することは難しくなってしまった。過去はもう変えようがないからね。

ただ、シーア派が広がった地域は、昔のペルシア、今のイランが中心だ。ペルシアという地域は古代から文明が栄えたところで、現代のイランも強国だ。そういう地域に広がったイスラーム教は、アラブのイスラーム教とはどうしても性格が違うものになる。そうした地理的な条件も、シーア派の成立とその広がりに影響しているんではないだろうか。

後ウマイヤ朝

その後、イスラーム教の王朝が各地に誕生し、その勢力は東に西へと大きく広がっていった。ビザンツ帝国が存在するあいだは、ヨーロッパには進出できなかったけれど、イベリア半島にはイスラーム教の後《こう》ウマイヤ朝が成立した。そして、インドや東南アジア、アフリカにもイスラーム教の王朝が次々と誕生していくことになる。

科学や哲学を発展させたイスラーム文明

知恵の館

イスラーム教の勢力が広がっていくと、その版図のなかにはさまざまな文化が存在していたわけで、文明としても発達していくこととなった。

とくにアッバース朝の第7代カリフだったマアムーンは、バグダードに「知恵の館」という図書館を建て、そこにギリシア語の文献を集め、それをアラビア語に翻訳する作業を進めた。つまり、古代に栄えたギリシアの文明がイスラーム教の世界に取り入れられたわけだ。これが、科学や哲学を発展させることに結びついた。

その際に、イスラーム教が、ユダヤ教徒やキリスト教徒を啓典の民として扱ったことも大きいね。知恵の館の館長やスタッフとして活躍した人間のなかには、ネストリウス派などのキリスト教徒が多く含まれていたからだ。

その後にヨーロッパのキリスト教文明が栄えることになるけれど、それまでの間は、イスラーム教の世界の方がはるかに高度な文明を保持していた。ヨーロッパも、後に、イスラーム教の世界からギリシア哲学などを取り入れることになる。

次には、西ヨーロッパや東ヨーロッパでキリスト教がどのように広がっていき、社会にどういった影響を与えたかを見ていくことにしよう。

コラム　宗教と文学

宗教と文学との関係は、一大テーマで、文学作品のなかに宗教のことが取り上げられることは少なくない。

そもそもそれぞれの聖典からして、文学と見なされる。聖典では、世界のはじまりから語られることが多く、その宗教を信仰している民族がどういった歴史をたどってきたかが、興味深いエピソードとともに語られている。

一つの宗教を開いた開祖や、一つの宗派を開いた宗祖は、重い苦難を抱え、周囲の無理解と戦いながらその信仰を確立していった。自分の教えを信じる信仰者の集団が生まれれば、周囲から迫害を受けることもある。開祖や宗祖が経てきた道は、波乱万丈で、人々を引きつける。

一方で、文学作品のなかには、宗教や信仰を扱ったものが少なくない。それはどの国、どの民族にもあるものだが、ロシアのドストエフスキーの作品などは、その代表だろう。キリスト教の信仰が背景になっており、近代においてそれが世俗化の進行によって脅かされていることが根底にある。

通俗的なものでも、中国の「西遊記」のように、インドにわたった中国の僧侶、玄奘三蔵がモデルになって登場する。日本の「源氏物語」でも、仏教の信仰が光源氏の恋愛という行為と深くかかわっている。宗教の生きた姿を知るということでは、文学は格好の入口になるのだ。

第11講

西ヨーロッパとローマ・カトリック教会の成立

東ローマ帝国と西ローマ帝国——分裂したローマ帝国

国教の地位獲得

第6講で、ローマ帝国とキリスト教の関係についてふれたね。最初迫害も受けていたキリスト教は、やがて自由な布教活動を許され、国教の地位を獲得するまでになった。このことは非常に大きな意味を持つことになる。ローマ帝国が広がった地域にキリスト教も信者を増やしていくことになったからね。

ところが、ローマ帝国は、その支配する領域が広がると、何人かの皇帝による分割統治が行われることになった。しかも、もともとはバルト海に住んでいたゲルマン人がローマ帝国のなかに移動してくるようになると、ローマ帝国は混乱状態に陥り、東西に分裂することになる。395年に東ローマ帝国と西ローマ帝国に分かれたんだ。

東ローマ帝国はビザンツ王国とも呼ばれ、15世紀のなかばまで存続することになるけれど、西ローマ帝国の方は476年の段階で早々と滅んでしまう。それから西ヨーロッパには、フランク王国やランゴバルト王国、そして東西のゴート王国などさまざまな王国が生まれる。王国の方が帝国よりも支配する領域が限定されていた。

王国を支配する権利

王国は王によって支配される国家ということになるけれど、なぜ王がその地域を支配する権利を持っているのか、ということはいつも問題になる。武力によって支配者の地位につくわけで、領地を奪ったとも言える。そうすると、果たして支配する権利があるのかということになってくるので、正当な支配者だと認めてくれる別の権威、後ろ盾になる存在を必要とするんだ。

西ヨーロッパの王国は、最初、東ローマ帝国の皇帝をその後ろ盾にしていた。

けれども、東と西の分裂はさらに深まっていって、そうした形をとれなくなる。そこで、新しい後ろ盾として求められたのがローマ・カトリック教会の教皇ということになる。

ニケーア公会議

ローマ・カトリック教会では、325年に開かれたニケーア公会議で、アレクサンドリア、ローマ、アンティオキアという大司教区が定められた。そして、451年のカルケドン公会議では、そこにイェルサレムとコンスタンティノープルが加えられた。これは教科書でローマ・カトリック教会の五本山と呼ばれているものだね。

「五本山」の争い

ところが、大司教区が5つも存在することで、その間で首位争いが起こった。しかも、地域によって信仰に対する考え方も違っている。さらに、前の講義で取り上げたイスラーム帝国が拡大していくと、アレクサンドリア、イェルサレム、アンティオキアはその支配下に入ってしまい、衰えていくことになった。

そうなると、残ったローマとコンスタンティノープルが首位争いをすることになった。コンスタンティノープルは、今のトルコのイスタンブールのことだ。

そして、ローマ帝国が東西に分裂したことも影響して、二つの大司教区の距離は次第に離れていく。最終的には、1054年に両者は分裂し、ローマはローマ・

カトリック教会となり、コンスタンティノープルの方はギリシア正教会になっていくんだけれど、その前の段階でもすでに両者のあり方には違いが生まれていた。

東の方のことについては、次の講義で扱うことにするけれど、ローマ・カトリック教会が生まれたことは、ヨーロッパの歴史を考える上ではとても重要だった。

「原罪」の教義

終末論の広がり

キリスト教は、最初ユダヤ教の改革運動としてはじまり、ローマ帝国のなかに広がっていったときには、当初の段階で「終末論」が強調された。

これは、新約聖書のなかの「ヨハネの黙示録」で述べられていることだけれど、最後の審判のときが迫っていて、それが訪れた際には、イエス・キリストがふたたび地上に現れ、人々を救うとされた。

こうした終末論は、キリスト教だけではなく、宗教の歴史のなかでくり返し現れてくるんだけれど、すぐにでも世が滅びてしまうので信仰を持たなければならないというのは、信者を集める上でもっとも効果的な方法でもある。今の人たちも「期間限定」とかに弱いけれど、すぐにでも世が滅びてしまうと言われると、なんとしても救われたいという気持ちが生まれてくる。しかし、当然のことだけれど、最後の審判は訪れなかった。

教会という制度

そうなると、キリスト教の信仰はあてにならないということになり、宗教として衰えても不思議ではなかった。けれども、キリスト教は教会の制度を作り上げることで、この危機を乗り越えたんだ。「予言が外れたとき」をいかに乗り越えるか。むしろ、宗教が伸びていくかどうかは、そこにかかっている。

その際には、キリスト教の「原罪」の教義がとても重要な役割を果たすことになった。

アダムとイヴの物語

旧約聖書の「創世記」では、最初の人間であるアダムとイヴの物語が語られている。これは知っているよね。

二人は「エデンの園」という楽園に住んでいたんだけれど、神からはそこに生えている善悪を知る木の木の実だけは食べてはならないと命じられていた。

そう言われると、かえって食べてみたくなってくるんだけれど、そこに蛇が現れて、イヴを誘惑し木の実を食べさせてしまう。イヴはアダムにも食べるよう勧めた。すると、二人は自分たちが裸だということに気づき、大事なところをこそこそと隠すようになった。

そこで神は、二人が命令に背いたことを知り、楽園から追放してしまう。そして、お産の苦しみや労働、さらには死を免れることができなくなったというのだ。

これは神話だから、こうした形で、労働や死のはじまりを説明しているわけだけれど、この物語をもとにして、キリスト教の世界では原罪の教義が生み出されることになった。

原罪の教義では、アダムとイヴは木の実を食べることで性（セックス）を知り、それが罪となったとされる。そして、その罪は遺伝を通してその後の人間に伝えられるようになったので、人間はもともと罪深い存在だとされるようになったんだ。

アウグスティヌスの回心、原罪の強調

この原罪の教義は、キリスト教の世界で次第に形成されるようになるんだけれど、とくにこれを強調し、後世に影響を与えたのが、ローマ帝政末期に現れた**アウグスティヌス**[1]という人物だ。

アウグスティヌスが原罪を強調するようになったのは、彼自身の生涯が影響し

ていた。彼はキリスト教に途中で改宗しているんだけれど、それ以前はマニ教の信者だった。

マニ教

マニ教については、これまで何度かふれてきたけれど、3世紀にマニという人物が起こした宗教だ。マニはペルシアに生まれているので、第4講で取り上げたゾロアスター教の影響を受けている。他にもキリスト教の影響を受けているし、インドへも行ったとされるので仏教の影響も受けていたらしいんだね。

ゾロアスター教は、第4講で説明したように善悪二元論の立場をとり、この世界では善なる神と悪なる神が対立しているとした。マニ教も、この善悪二元論を引き継いだんだけれど、同時に仏教の影響で、現実の世界に生きることに価値をおかない考え方も取り入れていた。やがてマニ教が滅んでしまったのも、さまざまな宗教のいいとこどりで独自性がなかったからかもしれないね。

アウグスティヌスは、最初、このマニ教の信者だった。しかも、彼自身後になって、その時期には肉欲に支配され、欲望のままに生きていたと回想している。

そうしたなかでマニ教に飽き足らないものを感じるようになり、母親がキリスト教を信仰していたこともあり、次第にキリスト教に接近するようになり、回心をとげることとなった。

新約聖書にあるパウロの手紙のなかにあった、欲望のままに生きることを戒めることばに出会ったことが決定的だった。それでキリスト教徒になり、修道生活を送るようになる。

こうした生涯からも分かるように、アウグスティヌスは自分が罪深いと考えたわけで、そこから原罪を強調するようになった。そして、キリスト教に改宗してからは、マニ教の教えが間違っていることを証明する書物を次々と書くようになっていく。マニ教の説く善悪二元論は間違いで、世界は唯一絶対の善なる神によって創造されたんだということを強調するためだね。

キリスト教の根本にあるもの

アダムとイヴの物語は、最初ユダヤ教のなかで生まれたわけだけれど、ユダヤ教には原罪の教えは生まれなかった。ところが、キリスト教では、第6講でもふれた三位一体論とともに、原罪が決定的に重要な教えになった。

キリスト教以外の人間も、自分たちが悪いことをしたときには、罪を犯したと考えるに違いない。けれども、生まれながらにして罪深いとまでは考えない。そ

1　アウグスティヌス（354～430）初期キリスト教西方教会の教父として最大の神学者・哲学者。マニ教から改宗し、正統的信仰主義を完成。新プラトン主義の影響を受ける。その後の思想潮流に多大な影響を与え、「西欧の父」と呼ばれる。著書に『神の国』。

の点で、原罪の教義はかなり特異なものだけれど、キリスト教のあり方にはとても大きな影響を与えた。キリスト教の教義の根本に原罪があると考えると、理解しやすくなることは少なくないんだ。

人々を救う力を唯一持つキリスト教会

7つの秘跡

教会が重視されるのも、その一つだね。

というのも、教会には罪から救ってくれる力が備わっていると考えられるようになるからだ。これは、現在のカトリック教会にも受け継がれているけれど、「7つの秘跡」というものがある。ギリシア正教会では、「機密」と呼ばれるものだ。

カトリック教会の7つの秘跡は、洗礼、堅信、聖体、ゆるし、病者の塗油、叙階、結婚からなっている。

洗礼は幼児の段階での入信を意味し、堅信は物心ついてから信仰を堅めることを意味する。聖体は、イエス・キリストのからだと血とされるパンとぶどう酒を口にすることだけれど、堅信を経ていないと、それに与かれない。

ゆるしは、告解や懺悔とも言われるもので、教会の神父に罪を告白し、赦しを与えてもらうことを意味する。カトリック教会には告解をするための小部屋が設けられている。映画なんかにも出てくるね。

病者の塗油は、以前は終油の秘跡と言われていて、死の床についたとき、生涯における罪を赦されるというものだ。罪を赦されないと天国には行けないから、これはとても重要だ。叙階は神父などの聖職者になることで、結婚も神によって認められた特別な行為になる。

贖罪

これを見ても分かるように、教会は信者の罪を赦す力を持っているとされた。教会以外にはその力を持つところはないわけで、これでキリスト教の信仰世界で教会の立場が格段に強いものになった。罪から赦されることが「贖罪」で、キリスト教の信者は贖罪を求めるようになったんだ。

もちろん、どの宗教にも、祈るための施設がある。仏教の寺院や神道の神社、イスラーム教のモスクやユダヤ教のシナゴーグがそれだ。

キリスト教の教会も、信者が礼拝する施設である点では、ほかの宗教と変わらない。けれども、人々を救う力を唯一持っているとされるのはキリスト教の教会だけだ。それも原罪という教義と贖罪という行為が強く結びつけられたからだ。

唯一の世界組織としてのローマ・カトリック教会

さらに、ヨーロッパのその後の歴史に大きな影響を与えたのは、ローマ・カトリック教会が世界組織に発展していったということだ。

そこがギリシア正教との決定的な違いでもあるんだね。ローマ・カトリック教会では、頂点にローマ教皇がいて、その下に枢機卿や司教が、さらにその末端には一般の信者がいるという体制が作られた。ピラミッド型の強固な世界組織が作られたんだ。

ローマ教皇

現代の世界では、国境を超えた世界組織というのは珍しくないし、多国籍企業も生まれている。でも、そうした組織が生まれる前の時代には、ローマ・カトリック教会が唯一の世界組織だった。

この点でも、教会は強力な力を持つようになった。それによって、皇帝や国王であることを認め、その後ろ盾となる役割を果たすようにもなった。17世紀のイギリスで「王権神授説」が唱えられるようになり、王としての権力は神によって与えられたものだとなるけれど、そのもとはここにある。

王権神授説

しかも、教会や修道院には王や貴族から多くの土地が寄進されるようになった。荘園だ。これは日本でも同じで、中世の時代には、規模の大きな寺院や神社に土地が寄進され、それが寺院や神社の経済を支えるようになった。ヨーロッパにおけるキリスト教の歴史と日本の宗教の歴史は、この点ではとても似ている。

修道院と聖職者

修道院というのは、6世紀頃から広がっていくことになる。最初、キリスト教の信仰を究め、イエス・キリストと同じように清貧の生活を実践しようとする人たちは、荒野に一人で出ていって、そこで修道生活を送るようになった。

やがて、そうした人々は集団で生活するようになり、修道院が生まれた。修道院で生活する修道士は、信仰にすべてを捧げるということで、世俗の世界からは離脱する。仏教の出家のようなものだ。そして、結婚もせず、家庭も持たない。これも、仏教の僧侶と同じだ。それは、教会を運営する神父でも共通している。

あまり気づかれないことかもしれないけれど、独身の聖職者がいるのはキリスト教と仏教だけで、他の宗教にはそうした存在はいない。キリスト教でも、ギリシア正教には家庭を持つ聖職者がいるけど、地位としては独身の聖職者の方が高い。プロテスタントの場合は、そもそも独身の聖職者はいない。実は、さまざまな点でキリスト教と仏教は似ているんだね。

世俗の世界から離れた独身の聖職者が存在するということは、キリスト教と仏教では、聖なる世界と俗なる世界が明確に区別されているということになる。しかも、聖職者の方が俗人よりも地位としては上になる。キリスト教では、罪の赦しは聖職者を介してしか与えられないからね。

これだけ強力な教会というものが生まれたことで、帝国や王国とはつねに複雑な関係を持つことになった。教会が後ろ盾になることもあるわけだけれど、両者が対立することも珍しくなかった。その点は、後に改めてふれることになるけれど、ヨーロッパの歴史を考える上で、ローマ・カトリック教会が成立したことがとても大きな意味を持ったことは間違いない。

では、東ローマ帝国では、どういったことが起こったんだろうか。次にはそれを見ていくことにしよう。

コラム　宗教と政治

宗教と政治は密接にからんでいる。

日本には、「まつりごと」ということばがあるが、これは、一方では神や仏を祀る行為を意味するとともに、政治のことをさす。これは、日本に限らず、世界全体に言えることで、政治を司る権力者は、巨大な宗教施設を建設したり、大規模な祭を行ってきた。

ローマ帝国のように、皇帝が神となり、信仰の対象になるようなこともある。こうした皇帝崇拝、王に対する信仰は、かなり普遍的なことで、政治的な支配者はそれによって権威ある存在として君臨してきた。

ただ、権力者が神聖な存在と見なされるには、当人がそれだけの価値のある人物でなければならない。その考え方が強かったのが中国で、皇帝は高い徳を持たなければならないと考えられた。もし、皇帝が徳を失って、悪政をしくようになれば、天は皇帝を見離し、王朝の交代が起こる。これは「易姓革命」と呼ばれるもので、いかに支配者に徳が必要であるかを強調する考え方だった。

徳があることを示すためには、よい政治を行わなければならない。中国でその方向性を示したのが儒教だ。儒教の創始者である孔子は、そうしたことを説き、その考え方が後の世にも受け継がれた。中国は共産主義の国に代わったけれど、果たして今でもそれを受け継いでいるのかどうか。興味が持たれるところだ。

第12講

ギリシア正教会と聖なるロシア

1900年以上つづいた「ローマ帝国」

ビザンツ帝国

ローマ帝国は東西に分裂し、西ローマ帝国の方は早々に滅亡してしまうんだけれど、東ローマ帝国はかなり長く続いていく。これは、東ローマ帝国と呼ばれるより、ビザンツ帝国と呼ばれることの方が多いね。

ただ、ビザンツ帝国というのは後の時代に使われるようになった呼び方で、この帝国が存続している時代には、ただローマ帝国と呼ばれていた。

歴史を見ていく上で一つ難しいところは、その時代の呼ばれ方と、後の時代の呼ばれ方が必ずしも一致しないことにある。日本史でも、そうだ。鎌倉時代の武家政権は鎌倉幕府と呼ばれるけれど、幕府という言い方は江戸時代の中期になって生まれたものだ。だから、鎌倉時代には幕府なんてものはなかった。そもそも鎌倉時代という言い方も後の時代のものだね。

ビザンツというのはドイツ語で、そのもとになるのはビュザンティオンだ。これは、コンスタンティノープルの古い呼び方になる。ビザンツ帝国は、一時はかなりの広がりを見せた。地中海全体を領有し、かつてのローマ帝国を復活させたんだけれど、最後は、ほぼコンスタンティノープルだけを支配するまでに縮小してしまった。

コンスタンティノープルだけが生き残ったのは、そこが城壁都市だったからだ。二重に城壁が築かれ、外敵の侵入を防ぐことができた。将棋で王様をとられなければ負けないのと同じで、コンスタンティノープルさえ守られていれば、ビザンツ帝国は続いたんだ。

第4回十字軍

ただ、海側にある城壁は低かったので、第4回十字軍に海から攻められたときは陥落し、そこには一時ラテン帝国が樹立されたこともあった。

その後、ビザンツ帝国は再興されるけれど、1453年にはオスマン帝国の攻撃を受ける。そのときも城壁は破られなかったんだけれど、たまたま鍵がかかっていない城門があって、そこから侵入されてしまい、それでビザンツ帝国は滅亡してしまうんだ。

しかしそれでも、ビザンツ帝国は395年のローマ帝国の東西への分裂以降、1000年以上にわたって存続した。もともとのローマ帝国の誕生を、共和制から帝政に移行した紀元前27年とするなら、ローマ帝国というものは1500年弱も続いたことになる。

神聖ローマ帝国

だから、ヨーロッパでは、帝国と言えば、ローマ帝国のことだという感覚が強い。西の方でも、800年のクリスマスのミサで、教皇の**レオ3世**[1]は、カールをローマ皇帝として戴冠した。これで**カール大帝**[2]が誕生したことになるけれど、ビザンツ帝国はそれを認めなかった。その後、962年に**オットー1世**[3]が戴冠され、神聖ローマ帝国が誕生することになる。神聖ローマ帝国は19世紀のはじめまで存続するから、ローマを名乗る帝国は1900年以上続いたことにもなるね。その点で、ローマ帝国という呼び名はヨーロッパ世界で特別な価値を持つことになった。

ギリシア正教会の特徴

東方正教会

ビザンツ帝国でも、中心となる宗教はキリスト教ということになるけれど、ローマ・カトリック教会ではなくギリシア正教会だ。

教科書では、もっぱらギリシア正教会という言い方が使われているけれど、東方正教会という呼び名が一般的で、ただ正教会と呼ばれることもある。

そこで言われるギリシアというのは、ギリシアという国や民族をさしているわけではなく、ギリシア文明のことを意味している。正教会では、一番重要な儀式

1　**レオ3世**（生年不詳～816）ローマ教皇（在位795～816）。799年ローマ市内で反対派に襲撃されフランク王カール（後の大帝、シャルルマーニュ）の下に逃れる。翌年問題解決のためカールにローマ皇帝の冠を与えた。

2　**カール大帝**（742～814）フランク王（在位768～814）。フランスではシャルルマーニュ。ゲルマン民族を統一し、イスラーム勢力の脅威を除き、西欧をほぼ統一した。西ローマ帝国皇帝（在位800～814）。

3　**オットー1世**（912～973）ザクセン朝第2代のドイツ国王（在位936～973）／神聖ローマ皇帝（在位962～973、967年以降はオットー2世との共同皇帝）。教会組織の拡充につとめ、帝国教会政策をすすめる。

であるミサをギリシア語で行うこともあるしね。これは、ローマ・カトリック教会で長くラテン語が使われてきたのと対照的だ。

ローマ・カトリック教会では、前の講義でふれたように、ローマ教皇を頂点に戴くピラミッド型の世界組織ができあがっている。

それに対して、ギリシア正教会では、全体が一つの組織に統合されているわけじゃない。国や民族で分かれている。ただ、コンスタンティノープル、エジプトのアレクサンドリア、トルコのアンティオキア、イスラエルのイェルサレムに総主教庁がおかれていて、なかでもコンスタンティノープル総主教庁がもっとも権威があるとされてきた。

総主教庁

ただ、ビザンツ帝国が滅びた後、コンスタンティノープルはオスマン帝国によって支配され、イスラーム教が広がることになるから、コンスタンティノープル総主教庁のもとに多くのギリシア正教会の信者がいるというわけじゃない。実は、こうしたことが今でも問題になることはあるんだ。それについては、後にふれることにしよう。

ここで一つ面倒な問題が出てくる。

たとえば、山川出版社の教科書『詳説世界史B改訂版』では、「西ヨーロッパでは皇帝と教皇という二つの権力がならびたっていたのに対して、ビザンツ皇帝は地上におけるキリストの代理人としてギリシア正教会を支配する立場にあり、政治と宗教両面における最高の権力者であった」（132頁）と説明されている。

皇帝教皇主義

こうしたビザンツ帝国でのあり方は、以前は「皇帝教皇主義」と呼ばれていた。ところが、同じ山川出版社が出している参考書の『詳説世界史研究』では、皇帝教皇主義ということばが出てこないのはもちろん、今教科書から引用したような説明はなされていない。

山川出版社の教科書と参考書は編者も一緒だ。なのに内容が違っている。これはどうしてなんだろうか。

最近では、皇帝教皇主義ということばは、世界史の研究者のあいだでは使われなくなっている。そんなことはなかったというんだね。何しろ皇帝は聖職者ではない。ギリシア正教会で、皇帝がローマ教皇のような役割を果たすようなことはなかった。

ただ、分裂する前のローマ帝国では、コンスタンティヌス帝がニケーア公会議を開催するという出来事があった。これについては第6講でふれたね。その時代には、まだキリスト教会の組織が十分に確立されていないこともあって、ローマ皇帝が高位の聖職者の人事に介入することもあった。

そうしたあり方をさして皇帝教皇主義ということばが生まれたんだけれど、ローマ・カトリック教会にそれが当てはまらないように、ギリシア正教会でも、皇帝が教会全体を支配するようなことはなかった。教皇のようにキリストの代理人とされたことなどまったくない。

これは、日本でもギリシア正教会のあり方について研究が進んできたために、実際の姿が正確にとらえられるようになったからだ。世界史で説明されることは、すべて過去の出来事で、出来事自体は変わらないんだけれど、学問が進んでいくことで、新しい発見もあるし、見方が変わってくることもある。

だから、昔の教科書に述べられていたことが、今では通用しないということはよくある。山川出版社の教科書の方で、皇帝教皇主義ということばは使われなくても、それを意味するような説明がなされているのは、まだ改訂が十分になされていないからだろうね。やがてこれも変わっていくはずだ。

受験生にとっては迷惑に感じられることかもしれないけれど、入試問題を作るのは大学の先生だから、最新の学問の動向については十分に認識している。だから、皇帝教皇主義にかんする問題が出ることはあり得ない。

こうしたことについては、Y-History教材工房というところが公開している「世界史の窓」(http://www.y-history.net/index.html)というサイトで説明されているから、参考にしてみるといいね。

聖像禁止令とイコン

皇帝と総主教の役割の違い

では、ビザンツ帝国の皇帝とギリシア正教会の総主教とはどういう関係にあったんだろうかということになるけれど、両者の役割は別で、皇帝が政治を司るのに対して、総主教の方は救いを与える役割を担った。そこには当然、複雑な関係が生まれてくる。少なくともローマ・カトリック教会が広がった地域とあり方が違うのは事実だ。

逆に言うと、ローマ教皇という存在が特殊だとも言えるね。それについては、次の講義でふれることにしよう。

一つ、ギリシア正教会で起こった出来事として注目しなければならないのは、726年にビザンツ皇帝だった**レオン3世**[4]が発布した「聖像禁止令」だ。

モーセの十戒には、その2番目に「汝は自分のために刻んだ像を造ってはならない」という戒めがある。これは、「偶像崇拝の禁止」と言われるもので、神の像を作って、それを拝んではならないというわけだ。こうした信仰が認められると、別の神々の像も作られるようになり、一神教ではなくなる恐れがあるからだね。

モーセの十戒 2番目の戒め

キリスト教も、ユダヤ教の伝統を引き継いでいるわけだから、偶像崇拝は禁止のはずだ。ところが、キリスト教の世界では、十字架やキリスト像が作られ、それを拝むようになっていった。

それでも、イスラーム教が広がると、イスラーム教では偶像崇拝を徹底して禁じるので、その影響から、イスラーム帝国と接していたビザンツ帝国でも、偶像崇拝を禁止すべきだという声が上がるようになった。それが禁止令に結びついたわけだ。

イコノクラスム

禁止令が出たことによって、聖像を破壊する運動である「イコノクラスム」が行われるようになった。これに対して、ローマ教皇は反発し、むしろ聖像の破壊者を異端とするようになる。それは東西の教会の対立をそれまで以上に深めることに結びついた。

だけれども、この話をすると、「不思議だ」と思う人もいるかもしれないね。

というのも、ギリシア正教会の大きな特徴の一つに、「イコン」というものがあるからだ。教科書にも、聖母マリアと幼子のイエス・キリストを描いたイコンが載っていたりするし、「聖母子像などを描いたイコン美術も、ビザンツ帝国に特徴的な美術である」と説明されているからね。

聖像禁止令は787年の第2ニケーア公会議でいったん廃止された。これは7回目の公会議で、その後も公会議は続くけれど、ギリシア正教会ではそこまでしか公会議として認めていない。

ところが、すぐに禁止令は復活し、最終的には843年に廃止される。イコンの魅力にはどうも勝てなかったようだね。それ以降、ギリシア正教会ではイコンが数多く作られるようになる。

イコンを通じた信仰

このイコンに一番魅了されたのがロシアの人々だね。ロシアの家庭には、イコンがいくつもあると言われている。一般の信者の生活には、イコンを通してキリスト教の信仰が浸透していったことになる。

4　レオン3世（685頃～741）ビザンツ帝国皇帝（在位717～741）。シリア出身の軍人で、テマ（軍管区）の長官として活躍。アクロイノンの戦でイスラーム軍を撃破しビザンツ帝国を守る。聖像禁止令（726）を出した。

ロシア正教会とロシア帝国の拡大

ロシアに広がった正教会は、ロシア正教会ということになるけれど、最初に正教会の信仰を受け入れたのは、キーフ（キエフ）公国の**ウラディミル1世**[5]だ。キーフ公国のもとは、9世紀にスウェーデン系のノルマン人がうち建てたノヴゴロド国ということになる。

ギリシア正教会の典礼の美しさ

このとき、ウラディミル1世は各地に使者を派遣する。どの宗教を取り入れたらいいのか、現地におもむいて調べさせたんだ。行った先は、カトリック教会のローマ、ギリシア正教会のコンスタンティノープル、そしてイスラーム教のバグダッドだ。バグダッドは当時、イスラーム帝国のアッバース朝の中心だった。

このうちコンスタンティノープルに赴いた使者はギリシア正教会の典礼（儀式）を体験して、ウラディミル1世に対して、「コンスタンティノープルの教会は天上にいるような心地でした。地上にはこれ以上の栄光も美しさもありません」と報告した。そこで、ウラディミル1世はギリシア正教会の信仰を取り入れることにした。

ウラディミル1世が典礼に関心を示したということは、その後も重要な意味を持った。今でも、ギリシア正教会では、昔からの典礼のやり方を受け継いでいて、それはかなり壮麗なものだからね。

東方典礼カトリック教会

実は、東ヨーロッパを中心に、現在でも各地に「東方典礼カトリック教会」というものがあるんだ。これは、典礼のやり方はギリシア正教会に従うけれど、ローマ教皇の権威は認め、教義もカトリック教会に従うというものだ。典礼だけはギリシア正教会のやり方がいい。そう考える人たちがカトリック教会のなかにもいるということだね。

タタールのくびき

キーフ公国はその後、ドニエプル川流域一帯を領有するようになるんだけれど、内乱もあり、13世紀にはモンゴル人が侵入し、キプチャク＝ハン国を樹立したことで、それに屈伏してしまう。モンゴル人による支配は240年ほど続き、その時代は「タタールのくびき」と呼ばれる。タタールは、モンゴル人のことだ。

こうした形でキーフ公国が滅亡すると、代わって力をつけていったのがモスク

5　**ウラディミル1世**（生年不詳～1015）ロシアのキエフ大公（在位980頃～1015）。四方の敵と戦い、キエフ大公国の勢力拡大に貢献。ビザンツ皇女を妃に迎え、自身はギリシア正教に改宗、ギリシア正教を国教とした。

ワ大公国だ。1480年には、モンゴルの支配から脱することにも成功する。これがロシア帝国の前身だ。

モスクワ大公国でもギリシア正教会の信仰が広まっていくんだけれど、大公の**イヴァン3世**[6]は、1472年に、ビザンツ帝国の最後の皇帝であるコンスタンティノス11世の姪、ソフィアと結婚する。これによって、イヴァン3世はビザンツ帝国の後継者を称するようになる。

ツァーリ

イヴァン3世は「ツァーリ」を名乗る。これは、カエサルのロシア語読みで皇帝を意味する。そして、ビザンツ帝国の皇帝に代わって、ギリシア正教会の擁護者としての自覚を持つようになる。

ビザンツ帝国の首都であるコンスタンティノープルは、「第二のローマ」ととらえられていたんだけれど、今度はモスクワが「第三のローマ」であるとされるようになる。他にも第三のローマと称するところはあるんだけれど、ロシアが帝国として拡大していくことによって、その影響力は増し、モスクワが第三のローマであるという感覚は強まっていく。

政治と宗教が一体化した帝国

その後、「聖なるロシア」という表現も生まれることになるんだけれど、これは、ロシアがキリスト教の正統である正教会の信仰を保持してきたという自負にもとづくものだ。ロシアは、政治と宗教が一体化した帝国だととらえることもできる。そうした意識は、現在にまで受け継がれている面があるようだ。

では次に、十字軍のことを中心に見ていくことにしよう。

6　イヴァン3世（1440～1505）モスクワ大公（在位1462～1505）。諸公国を征服し領土拡大、モンゴル人支配を脱する。ビザンツ帝国最後の皇帝の姪と結婚、紋章「双頭の鷲」を継承。「ツァーリ（皇帝）」を初めて名乗る。

第13講

叙任権闘争と十字軍

中世西ヨーロッパにおける二つの権力

神聖ローマ帝国

西ヨーロッパの帝国というと、第6講でふれた神聖ローマ帝国ということになるんだけれど、これはドイツが中心だった。最盛期にはかなりの広がりを見せたものの、フランスなどはそのなかには含まれなかった。イタリアも、北の地方は神聖ローマ帝国の支配下におかれるけれど、南の地方にまでは及ばなかった。

教皇と皇帝

神聖ローマ帝国は、962年に、ザクセン家の**オットー1世**[1]が、ローマ・カトリック教会の教皇から皇帝の位を授けられたことにはじまるとされている。でも、その時点ではただ帝国と呼ばれていて、中世後期からは、「ドイツ国民の神聖ローマ帝国」と呼ばれていた。少し不思議な言い方だね。

ここで注目されるのは、皇帝の位を与えるのが教皇だということだ。皇帝であるためには後ろ盾が必要で、その役割を教皇が果たした。皇帝の位にのぼる人物は、武力でそれぞれの領域を支配するようになるわけだけれど、それだけでは周囲に皇帝としては認められないということだね。

これは、日本で武家政権が成立していた時代と似ている。最初、天皇が国の支配者だったわけだけれど、武家が台頭すると、実質的な権力を奪われてしまった。しかし、武家は自分たちが国を支配する上で後ろ盾が必要で、それが天皇から授けられた征夷大将軍という位だった。それと同じだ。

中世の西ヨーロッパの世界では、教皇と皇帝という二つの権力がともに並び立っていた。

1　**オットー1世**　☞173頁の注**3**参照。

教皇のもとにある教会や修道院は、国王や貴族から広大な荘園を寄進され、地域を支配する領主でもあった。さらには、10分の1税を徴収する権利も与えられていたし、独自の裁判権も持っていた。

そうなると、教会の司祭や修道院の院長などは、一般の領主と同じ経済力や権力を保持していたことになる。つまり、国王や貴族と同様に支配階級になっていたんだ。

前にもふれたように、実はこれも日本と似ている。中世の日本では、寺院や神社には広大な荘園が寄進され、経済力と権力を持っていた。奈良の興福寺などは、当時の大和国、今の奈良県全体の土地を寄進されていたので、大和国の事実上の領主だった。鎌倉幕府も室町幕府も、そこに国司をおくことができなかったんだ。

司祭や修道院長が権力をふるえるわけだから、荘園を寄進する側は、自分たちの思うとおりに行動してくれる人物を聖職者に任命するようになる。それがスポンサーとしての権利だというわけだ。

しかも、聖職者になれば豊かな生活ができるということで、その位が売買されるようにもなった。

教会権力と世俗の権力との争い

叙任権

また、聖職者は本来独身を守らなければならなかったんだけれど、妻帯する者も出てきた。妻帯していなければ、子どもも産まれず、その領地が子どもに相続されることはない。一つの家が領地を領有し続けることにはならない。ところが、聖職者が妻帯すると、そうしたあり方が崩れてしまうことになる。

そこで、清貧を追求する修道院のなかから、こうしたあり方を改革しようという動きが生まれた。1073年に教皇の位に就いた**グレゴリウス7世**[2]は、クリュニー修道院の出身で、強い改革の意志を持っていたので、聖職の売買や聖職者の妻帯を禁じた。そして、聖職者を任命する権利、これが「叙任権」というものだけれど、それを教会の側に取り戻そうとした。

教皇と皇帝という二つの権力が並び立つというのは、やはりいろいろと難しい

2　グレゴリウス7世（1020頃～1085）ローマ教皇（在位1073～1085）。教皇の統治的全権を主張し、聖職売買、司祭の結婚、信徒の叙任権を禁じた（グレゴリウス改革）。ハインリヒ4世と対立、後に皇帝によりローマを追われる。

問題をはらんでいる。グレゴリウス7世は、それによって教皇の権力である「教皇権」を強化しようとしたわけだけれど、当時の神聖ローマ帝国の皇帝だった**ハインリヒ4世**[3]は強く反発した。そこで、教皇の側は皇帝を破門にしてしまった。

破門になれば、皇帝としての後ろ盾が失われてしまうわけで、皇帝ではいられなくなってしまう。

そうしたこともあるんだけれど、破門されるということは、キリスト教徒ではなくなることを意味する。そうなると、教会による救いも得られないわけで、死んだら地獄に落とされる。中世の時代には、そうしたことが真剣に恐れられたんだ。

そこでハインリヒ4世は、北イタリアのカノッサ城にいた教皇のもとを訪れ、謝罪する。その際、面会が許されるまで、雪の降るなか、粗末な修道服を着て、素足で3日間立ち尽くしたと言われる。これは皇帝にとっては屈辱的なことで、この出来事はやがて「カノッサの屈辱」と呼ばれるようになる。1077年のことだ。

カノッサの屈辱

これで破門を解かれるんだけれど、その後、ハインリヒ4世は武力を使って教皇の側に反撃し、教皇をローマから追い出したりしている。両者の争いは続いたわけで、こうした教会の権力と世俗の権力との争いが、「叙任権闘争」と呼ばれるんだね。

この闘争は、1122年に**ヴォルムス協約**が結ばれ、教会の側が叙任権を独占するようになるまで続いた。これで教皇の権威が高まることになるんだけれど、そうした方向にむかっていく上で大きな意味を持ったのが、十字軍の運動がはじまったことだ。十字軍は、いろいろな問題をはらんでいるからとても重要な出来事だ。

第1回十字軍派遣——巡礼・贖罪のための旅

十字軍を呼びかけたのは、グレゴリウス7世の次の次の教皇だった**ウルバヌス2世**[4]だ。

3　**ハインリヒ4世**（1050～1106）ザリエル朝ドイツ国王（在位1056～1105）。神聖ローマ皇帝（在位1084～1105）。1080年に対立国王ルドルフを敗死させるが、息子ハインリヒ5世に背かれて王位を奪われる。

4　**ウルバヌス2世**（1042頃～1099）ローマ教皇（在位1088～1099）。フランス人。クリュニーの修道士を経て、オスティアの司教、枢機卿に。ピアチェンツァ、クレルモンの公会議で聖地イェルサレム回復を提唱し、十字軍運動を起こす。

当時、ビザンツ帝国は、イスラーム教のセルジューク朝に脅かされていて、皇帝だったアレクシオス1世コムネノスは教皇に救援を求めた。

セルジューク朝は、キリスト教の聖地であるイェルサレムを占領下においていたので、ウルバヌス2世は、1095年にクレルモン宗教会議を開いて、聖地を奪回するための戦いを呼びかけた。これが第1回の十字軍派遣に結びつく。

クレルモン宗教会議

十字軍はその後、13世紀まで8回にわたってくり返し派遣されるけれど、最初は十字軍とは呼ばれなかった。そう呼ばれるようになるのは13世紀後半以降のことだ。

当初は、「旅」、あるいは「巡礼」と呼ばれた。イェルサレムが聖地であるわけだから、巡礼ということばが使われたのも不思議ではない。そこには、たんなる征服戦争ではなく、宗教的な意味があるということが示されていたわけだ。

聖地イェルサレムへ

宗教会議の決議録では、「誰であれ名誉や金銭の入手のためではなく、ただ信心のみのために神の教会を解放せんとイェルサレムへ出発した者には、その旅はすべて贖罪のためとみなさるべし」と述べられていた。

十字軍に参加するなら、それは贖罪になるというんだ。贖罪がいかに重要なのかということは、第11講で説明したね。

ただ、十字軍の目的というか、そこに参加した人間たちが求めたことは、贖罪だけにはとどまらなかった。

ウルバヌス2世は、聖地奪回の目的として、フランスでは人口が増えすぎているので、領地が不足しており、イェルサレムはその不足を補う「乳と蜜の流れる土地」だと訴えたと言われている。

旧約聖書の「申命記」では、神がイスラエルの人々に与えると約束したカナンは、乳と蜜の流れる土地であるとされていた。

だから、フランスにいては十分な領地を確保できない騎士たちがこぞって十字軍に参加することになった。宗教的な目的だけではなく、世俗的な目的もあったことになるね。

イェルサレム王国の樹立

またこれは結果的にということにもなるんだけれど、十字軍はヨーロッパに大量の「聖遺物」をもたらすことになった。

聖遺物崇敬

聖遺物のことは、教科書では取り上げられないけれど、キリスト教の信仰を考える上ではとても重要なものだ。聖遺物というのは、主に骨になるんだけれど、キリスト教の信仰を広める活動をしていて、そのために亡くなった殉教者が聖人とされるようになり、聖人の骨が信仰の対象になった。これを「聖遺物崇敬」と言うんだね。

ヨーロッパのカトリック教会は、それぞれ聖遺物を祀っている。教皇のいるバチカンにはサン＝ピエトロ大聖堂が建っているけれど、そこにはイエス・キリストの弟子の一人で最初のローマ教皇とされる、**ペテロ**[5]（ピエトロ）の聖遺物が祀られているんだ。

聖遺物は奇蹟を起こす力を持っていると信じられ、多くの巡礼者を集めることになるから、それぞれの教会はなんとか有力な聖人の聖遺物を確保しようとして、売買を行ったり、場合によっては盗み出すようなこともした。

前にもふれた偉大な神学者の**トマス＝アクィナス**[6]は、生前から聖人になると予想されていたので、亡くなるとすぐに大きな釜で煮られることになり、その骨は聖遺物として分配されたという話も伝わっている。かなりグロテスクな話だね。

ロンギヌスの槍

第1回の十字軍が発見したもっとも重要な聖遺物がロンギヌスの槍だ。ロンギヌスというのは十字架にかけられたイエス・キリストを槍で刺したローマの百卒長の名前だ。その後キリスト教に改宗して殉教したともされている。

そんな槍が、イエスの死から1000年以上も経った時点で発見されることなどあり得ないんだけれど、それで十字軍の士気は俄然高まったらしい。

第1回の十字軍は、1099年にイェルサレムの奪回に成功し、そこにイェルサレム王国を樹立する。他にも、エデッサ伯国、トリポリ伯国、アンティオキア公国が樹立された。

イスラーム教側から見た十字軍

第2・3回十字軍

イェルサレム王国は、それから200年近く存続するけれど、イスラーム教の勢力が盛り返し、伯国や公国が奪い返されたため、第2回、第3回の十字軍が派遣されることになった。ただ、どちらも成果をあげられなかった。イスラーム教

5　**ペテロ**（生年不詳～64頃）十二使徒の筆頭。イエスの弟子になり高弟として活動。教会の土台としての岩の意味でペテロ（ギリシア語で岩）と名付けられる。イエス復活の証人。ローマ教会初代教皇。ネロ帝の迫害により殉教した。

6　**トマス＝アクィナス**　☞83頁の注**13**参照。

の側には、**サラディン**[7]（サラーフ＝アッディーン）という英雄も現れ、反撃されたからね。

歴史を見ていく場合に、最初にも言ったように、一方の側からばかり考えていると、正確に事態をとらえられなくなる。十字軍は、キリスト教の側がはじめたことだから、どうしてもキリスト教世界を中心に考えてしまいがちだ。

では、イスラーム教の側から見た場合にどうなるのだろうか。これは、あまり考えないことだよね。

現代とは違うから、十字軍は宣戦布告をして聖地イェルサレムをめざしたわけじゃない。だから、イスラーム教徒のアラブ人の側は、最初、十字軍が何を目的としているのか、それが分からなかった。そもそも、アラブ人たちは攻めてきた勢力を「フランク」と呼んでいた。フランクというのは、フランスのことでもあるけれど、アラブ人からすれば、ヨーロッパ人全体をさしていた。

十字軍がアラブの方に向かってくるにつれて、情報も集まるようになり、イェルサレムの奪回をめざしているのだということが分かってきた。そこで反撃を試みたわけだけれど、最初は結束がとれていなかった。だから、イェルサレムを奪回されてしまったんだ。

聖戦、ジハード

けれども、サラディンが、フランクとの戦いは聖戦、ジハードであると宣言することで、結束が固まり、イェルサレムを奪い返すことに成功する。

文明の差

野蛮なキリスト教勢力VS高度な文明を誇るイスラーム教勢力

一つ重要なことは、十字軍の時代には、キリスト教文明とイスラーム教文明を比較した場合、そこには大きな差があったということだ。簡単に言えば、イスラーム教文明の方が、キリスト教文明よりもはるかに進んでいた。それは、第10講でもふれたように、イスラーム教がギリシア文明を取り入れていたからだ。

医学なども、イスラーム教の方がはるかに進んでいた。だから、十字軍に参加したキリスト教徒が戦いで傷を負ったりしたときには、一緒に来ていたキリスト教の医師に治療を頼むのではなく、イスラーム教の医師に頼むということがあった。

それからすると、十字軍というのは、野蛮なキリスト教の勢力が、高度な文明

7　**サラディン**（1138〜1193）アイユーブ朝の始祖・第1代君主（在位1169〜1193）。クルド人武将。シリア、エジプト、イラク北部を統治。十字軍を破りイェルサレムを奪還。第3回十字軍と戦い、その後和を結ぶ。

を誇っていたイスラーム教の勢力に仕掛けた戦いだったとも言えるわけだ。

その結果、十字軍の遠征を通して、イスラーム世界の進んだ文明や文物がヨーロッパにもたらされた。

第4回十字軍

さらに、第4回十字軍になると、その輸送を請け負っていたイタリアのヴェネチア商人の意向もあって、イェルサレム奪回をめざすのではなく、エジプトやビザンツ帝国のコンスタンティノープルを攻撃し、略奪を行った上、そこにラテン帝国を打ち立てている。これによる打撃は深刻で、ビザンツ帝国は衰退していくことになるけれど、そこにあった文物もヨーロッパにもたらされることになった。

地中海貿易も盛んになり、ヴェネチアなどのイタリアの諸都市が栄えることになり、「12世紀ルネサンス」が引き起こされることにもなった。

12世紀ルネサンス

ルネサンスということばは再生や復活を意味するフランス語で、本格的なものは14世紀に起こるわけだけれど、12世紀ルネサンスはそれに先立つものだった。

イスラーム教の世界やビザンツ帝国からギリシア語やそのアラビア語の翻訳がヨーロッパにもたらされ、ラテン語に翻訳されることで、ヨーロッパでも学問や文芸が発展したんだね。

「スコラ学」を発展させたトマス＝アクィナス

中世のヨーロッパでは、「スコラ学」と呼ばれる哲学、神学が発展するんだけれど、その中心となったのが、死後に聖遺物にされてしまったトマス＝アクィナスだ。彼は、**アリストテレス**[8]の哲学をもとにスコラ学を発展させていった。

ギリシア語文献の受容

アリストテレスは、古代ギリシアの哲学者だから、本来はキリスト教の信仰とは関係がないんだけれど、その広範な領域にわたる哲学の試みが、キリスト教神学を打ち立てていく上で役立ったんだね。信仰は必ずしも論理的なものではないけれど、哲学は論理の体系だ。その点で、アリストテレスを含めたギリシア語の文献がもたらされたことはとても重要だった。

スコラ哲学の議論はかなり面倒なものなので、「煩瑣哲学」などと呼ばれることもあるけれど、その分、議論は精緻で、その後の学問の発展に寄与したところがある。

8　アリストテレスス　☞81頁の注**11**参照。

たとえば、一神教の世界では、利子をとることが禁じられていて、そのことが経済活動、とくに金融活動を進めることを妨げていた。スコラ学では、なんとか利子を合法化しようと学者が議論を進めていった。それがやがて経済学という学問を生むことにつながっていくんだね。

では次に、モンゴル帝国のことを見ていくことにしよう。モンゴル帝国は、十字軍以上に東の世界と西の世界を結びつける役割を果たすことになるからね。

コラム　宗教とテレビ

アメリカにはテレビ教会というものがある。

主に共和党の大統領候補を応援してきた福音派の牧師がやっているもので、ショーの形式になった番組を放送し、それで寄付を募るのだ。

ショーだから、エンターテイメントになっていて、牧師の説教もあるが、歌や踊りで盛り上げる。牧師も、聴衆に受けるジョークを巧みに折り交ぜ、飽きさせない。

今日では、そうした番組を収録するための場として、メガチャーチが生まれ、多くの聴衆を集めている。

日本でも、テレビが発達する以前には、ラジオで説教する仏教の僧侶がいて、かなりの人気を集めていたりしたが、テレビ時代になってからは、そうしたことはなくなった。公共放送では、宗教を宣伝することが難しくなったからだろう。

インドでは、30年ほど前に、「ラーマーヤナ」という神話の物語がテレビ・ドラマとして放送され、とんでもない高視聴率を獲得し、インドでテレビを普及させることに貢献した。

ところが、これによってヒンドゥー教徒としての自覚を強く持つような人々が現れ、ヒンドゥー・ナショナリズムを盛り上げることにも貢献した。そして、ドラマの主人公であるラーマ王子を祀る神殿があったと伝えられる場所に立つイスラーム教のモスクが破壊され、多数の犠牲者が出る事件が起こった。

テレビというメディアにはそれだけの力があるわけだ。

第14講

モンゴル帝国と宗教

モンゴル高原の統一、帝国の拡大

第5回十字軍

前の講義で十字軍のことについてふれたけれど、1217年には第5回十字軍が召集された。この十字軍は、イスラーム教の本拠だということでエジプトを攻めることになったんだけれど、結局は失敗に終わってしまう。

その戦いの最中に、パレスチナ北部にあるアッコンという町の司教から、「プ

プレスター・ジョンの伝説

レスター・ジョンの孫のダビデ王がペルシアを征服してバグダードに向かってい
る」という報告がもたらされたんだ。

キリスト教の世界では、イエス・キリストの誕生を知ってやってきた東方の三博士の子孫である長老ヨハネによって布教が行われ、東方にキリスト教の国が存在しているという伝説があった。プレスター・ジョンというのが長老ヨハネのことだ。

しかも、第5回十字軍が召集される少し前の1165年ごろには、プレスター・ジョンからビザンツ帝国の皇帝に宛てた手紙というものが西ヨーロッパの社会で広く出回るようになり、それは各国語に翻訳された。ローマ教皇などは、プレスター・ジョン宛ての手紙を携えた使者を派遣したほどだから、伝説は本当のことだと信じられていたわけだ。

プレスター・ジョンの手紙は捏造されたものなんだけれど、プレスター・ジョンというのは、十字軍の味方になる東方のキリスト教国の王のことではなく、実は、モンゴル帝国のチンギス＝ハンのことだったんだね。

第8講で、源義経は実は死んだのではなく、大陸にわたってチンギス＝ハンになったという伝説があるという話をしたけれど、プレスター・ジョンの伝説の場合には、嘘から出たまことのようなことになっていく。

チンギス＝ハンの戦い

モンゴル帝国が生まれるモンゴル高原では、中国の隋や唐の時代に、トルコ系の突厥《とっけつ》が力を持つようになるけれど、突厥は東西に分裂し、8世紀半ばにはウイグルに滅ぼされてしまう。

その後、しばらくはモンゴル高原を統一する勢力は現れなかった。モンゴル系の諸部族も、モンゴル部とタタール部とに分かれ、対立していたんだ。

そうしたなか、モンゴル部から現れたのが**テムジン**[1]で、モンゴル諸部族を統一し、最高権力者を意味するチンギス＝ハン（カン）の位についた。

チンギス＝ハンは、1211年から、満州一帯を支配していた女真族の金を攻めるようになる。14年には金の首都だった現在の北京を陥落させる。それを皮切りに、モンゴルは中央アジア、そして、イスラーム教が広まった地域にまで帝国の版図を広げていくことになった。

チンギス＝ハン自身は、1227年に中国六盤山の南にあった野営地で死亡してしまうんだけれど、世界を征服しようという野望は、その子どもたちに受け継がれていく。モンゴル軍はロシアの諸公国も占領し、支配する。第12講でふれた「タタールのくびき」だ。

アッバース朝の滅亡

さらにはヨーロッパにまで攻めのぼり、ポーランド、ハンガリー、モラヴィア、オーストリア、クロアチアを次々と屈伏させ、最後にはアルバニアにまで到達した。一方では、バグダードを占領して、イスラーム教のアッバース朝も滅ぼしてしまった。まさに破竹の勢いだ。

モンゴル帝国が急速にその勢力を拡大することができたのは、進出した地域、とくに中央アジアなどには、統一された帝国なり、王国なりが存在しなかったからだね。モンゴルは、その間隙をぬって領土を拡大していったんだ。

アジアとヨーロッパが一つに結ばれる

モンゴル帝国の組織形態

モンゴル帝国は中央集権的な組織ではなかった。1000戸単位に編成した「千戸制」をしいた。つまり、部族集団が基本的な単位になっていて、それぞれの部族集団が各地を領有し、支配するという形をとったんだ。

中央集権的でない点は、モンゴル帝国における宗教のあり方とも関係していた。

1　テムジン（1162頃～1227）モンゴル帝国の建国者・太祖（在位1206～1227）。幼名はテムジン。モンゴル部族を統一し、チンギス＝ハンの称号を受ける（1206）。西夏王国遠征中に病没。3男オゴデイが帝位継承。

モンゴル人は、遊牧民だから、天に対する信仰をもってはいたものの、それは素朴で単純なものだった。絶えず移動していくので、宮殿も建てたりはしないし、神殿を築くこともない。神社の社殿を設けなかった昔の日本の神道のような信仰だね。昔は山やそこにある大きな岩、磐座《いわくら》が信仰の対象になっていた。

さまざまな宗教が共存する

けれども、帝国が拡大していくと、それぞれの地域にあった宗教と出会うことになった。イスラーム教が広がった地域ではイスラーム教に出会い、中国の宋に進出していったときには道教や仏教と出会った。

そんな状態だったので、モンゴル人は、支配下においた各民族に対して自分たちの信仰を強制することはなかった。強制しようにも、その対象となるような宗教がなかったとも言えるね。本来帝国というのは、そうした性格がある。帝国のなかには、さまざまな国や民族が含まれ、それぞれが独自な信仰を持っているので、一つの宗教に改宗させるということはほとんど行われない。イスラーム帝国でもそうだったことは、第10講でふれたね。

ユーラシア形成の基礎

ただそこで重要なことは、広大なモンゴル帝国が成立したことによって、本来地続きであるアジアとヨーロッパとが実質的に一つに結ばれた点だ。それまで、隣り合った地域のあいだには密接で頻繁な交流があったんだけれど、アジアとヨーロッパが一つの大陸を形成しているという意識は生まれにくかった。19世紀になると、アジアとヨーロッパを結びつけて「ユーラシア」という概念が生まれるけれど、モンゴル帝国は、まさにこのユーラシア形成の基礎を作ったことになる。

それを象徴するのが、モンゴル帝国に組み込まれた広大な地域を旅する旅行家が出現したことだ。

その先駆となったのが、『東方見聞録』を残したイタリア、ヴェネチアの**マルコ＝ポーロ**[2]だ。

モンゴル帝国を旅した旅行家

マルコ＝ポーロの父親と叔父は東方との貿易を行っていて、モンゴル帝国の首都カラコルムにまで行き着いた。二人はいったん国に戻ってから、ふたたび東方にむかって旅立つんだけれど、その際に17歳のマルコ＝ポーロも同行させた。当

2　マルコ＝ポーロ（1254〜1324）イタリア・ベネチアの商人・旅行家。1271年、東方へ向かい、中央アジアを経て元へ。フビライに仕える。帰国後捕えられ、獄中で旅行記を筆記させる。後の『世界の叙述』（東方見聞録）である。

時、中国はモンゴルによって支配され、元王朝となっていて、彼ら一行はその首都である大都（現在の北京）に赴いた。若いマルコ＝ポーロは、チンギス＝ハンの孫で元の皇帝に即位していた**フビライ＝ハン**[3]に気に入られ、外交官として召し抱えられた。

『東方見聞録』

そのあいだに彼が中国各地を旅行した記録が、ヴェネチアに帰国した後にまとめられた『東方見聞録』だ。この書物はヨーロッパで大きな反響をもたらすことになるけれど、そこには、日本のことが「黄金の国ジパング」として紹介されていた。ただ、マルコ＝ポーロ自身は日本には来ていない。

中国にかんしても不正確な記述があるし、中国側の史料にはマルコ＝ポーロのことがいっさい出てこないので、『東方見聞録』には、幾人もの人間の見聞が含まれているという説もあれば、マルコ＝ポーロは中国に行っていないという説さえある。けれども、この本がヨーロッパの人々の中国や日本に対する好奇心をかきたてたことは間違いのない事実だ。アメリカ大陸にたどりついた**コロンブス**[4]だって、黄金の国ジパングが実際にあると信じたくらいだからね。

『三大陸周遊記』

モンゴル帝国を旅したイスラーム教徒の旅行家としては、ほかに**イブン＝バットゥータ**[5]がいる。彼は、1325年に故郷のモロッコからメッカ巡礼に出発する。

巡礼を終えた後には、イラン、シリア、アナトリア半島、黒海、南ロシアに生まれたモンゴル帝国の一つ、キプチャク＝ハン国を経て中央アジアに入り、さらにはインド、スマトラ、ジャワを経由して元の大都にたどり着いた。イブン＝バットゥータも、『旅行記』（『三大陸周遊記』）を残している。広大な帝国が生まれたことで、そのなかを自由に行き来する人物が次々現れたわけだ。

モンゴル人のイスラーム教への改宗

ここで、教科書ではまだ取り上げられていないけれど、その後の歴史に大きな

3　**フビライ＝ハン**（1215〜1294）モンゴル帝国第5代皇帝（在位1260〜1294）で元朝初代皇帝（在位1271〜1294）。チンギス＝ハンの孫。南宋を滅ぼし中国を統一する一方、カンボジア・ビルマを征し、日本にも遠征軍を派遣。

4　**コロンブス**（1451頃〜1506）イタリア・ジェノヴァ生まれの航海者。スペイン女王イザベル1世の援助を受け、インドを目指し大西洋を西航（1492）。計4回の航海で、キューバ、ハイチ、ジャマイカおよび南米・中米に到達。

5　**イブン＝バットゥータ**（1304〜1377）モロッコ生まれのイスラーム教徒の旅行家。メッカ巡礼（1325）を皮切りに、北・東アフリカ、中東、中央・東南アジア、インド、中国等を旅する。口述筆記された旅行記『三大陸周遊記』は貴重。

影響を与えることになる一人の人物を紹介しておこう。その人物の思想には、モンゴル帝国のことが影響していたんだ。

イル＝ハン国の成立

13世紀のなかば、マルコ＝ポーロがイタリアを旅立った頃に、イランを中心とした地域にモンゴル帝国の地方政権としてイル＝ハン国が成立する。この国を作ったのはチンギス＝ハンの孫の**フラグ**[6]だったけれど、その第7代君主となったのが**ガザン＝ハン**[7]だった。

ガザンが君主に即位したときのイル＝ハン国は内紛や政変で混乱状態にあった。ガザンの父親である第4代の君主アルグンが亡くなった後に、その弟が政権を引き継いだんだけれど、従兄弟のバイドゥに殺されてしまった。ガザンは、バイドゥを殺害することで君主として即位している。

ガザンは、弱体化した支配体制を建て直し、経済基盤を安定させることで、イル＝ハン国に繁栄をもたらすことになるんだけれど、その際に、自身イスラーム教に改宗している。

もともとガザンの家では仏教、とくにチベット仏教を信仰していた。モンゴル帝国のなかで、チベット仏教を一番熱心に信仰した皇帝は、中国で元を開くフビライ＝ハン（世祖）だけれど、フラグはその兄弟だった。

ガザンは家の伝統に従って、仏教の寺院を建立したりしたんだけれど、イル＝ハン国が支配するイラン、イラクの地域ではしだいにイスラーム教が勢力を拡大するようになっていた。モンゴル人のなかにもイスラーム教に改宗する人間が増えていくようになる。モンゴルの人々がチベット仏教やイスラーム教を信仰するようになるのも、自分たちにはもともと確固とした宗教がなかったからだね。

ガザンとしては、イスラーム教に改宗した人々の支持を得る必要があった。その結果、それ以降のイル＝ハン国は、シーア派の信仰にもとづくイスラーム教の国になっていった。シーア派は、第10講でもふれたように、イランを中心とした地域に広がっていたからね。

改宗に疑いの目

ところが、こうしたモンゴル人のイスラーム教への改宗に疑いの目を向けた人物がいたんだ。

6　フラグ（1218〜1265）イル＝ハン国の開祖。在位1258〜1265。イスマーイール派の諸城塞を攻略しバグダードを陥れてアッバース朝を滅亡させる。都をタブリーズに定めて、イル＝ハン国を創始した。

7　ガザン＝ハン（1271〜1304）イル＝ハン国第7代君主（在位1295〜1304）。イスラームに改宗し即位後、イスラーム以外の寺院・教会を破壊。ラシード＝アッディーンを宰相に任命し、中央集権的改革を断行。

改宗というのは、それまでの宗教を捨てて、新しく別の宗教を信仰するようになることだけれど、改宗しても、それまで持っていた信仰が影響することはある。これは、その後にスペインで起こることでもあるんだけれど、キリスト教に改宗したユダヤ人が疑われ、異端審問にかけられ、処刑されるようなこともあった。疑いを向けた人物が、**イブン＝タイミーヤ**[8]というイスラーム教の法学者（ウラマー）だった。ウラマーについては第10講でもふれたね。

イブン＝タイミーヤの戦い、ジハードのための論理

マムルーク朝の成立

エジプトとシリアには、1250年に、アイユーブ朝を倒してマムルーク朝が成立していた。マムルーク朝はイスラーム教のスンナ派だったけれど、60年にはシリアに攻め込んできたイル＝ハン国のモンゴル軍を撃退し、アッバース朝のカリフを再興して、聖地であるメッカやメディナをその保護下においた。

タイミーヤは、マムルーク朝の軍隊の従軍法学者の立場にあった。1299年にイル＝ハン国がふたたび攻め込んできて、シリアのダマスカスに迫ってくると、使節団を組織して、ガザンのところへ出向き交渉も行っている。

その後も、イル＝ハン国は、くり返しシリアに攻め込んできた。タイミーヤは、自ら剣をとって戦うこともあったし、モスクの説教壇から仲間に檄を飛ばしたりもした。

ただ、そこに一つ難しい問題があった。

攻めてくる側のガザンは、すでにイスラーム教に改宗している。シーア派ではあるけれどもね。ということは、マムルーク朝にとっては信仰をともにした仲間だということになる。

そこでタイミーヤは、イル＝ハン国のモンゴル人は、表向きはイスラーム教徒だが、その中身は違うと主張したんだ。したがって、イスラーム教の王朝であっても、イル＝ハン国を打倒することはいっこうにかまわない、それはジハード（聖戦）に相当するという論理を打ち立てた。

信仰の純粋さ・過激さ

タイミーヤという人は、信仰には相当に厳格で、神が絶対であることを強調し、シーア派やイスラーム教のなかに生まれた神秘主義に反対する立場をとった。イ

8　イブン＝タイミーヤ（1263～1328）イスラーム神学者・法学者。コーラン、ハディースの比喩解釈を排し、歴史的・実証的解釈を重んじ、正統な信仰箇条の確立を目指した。イスラーム諸学の再定式化を試みる。後世への影響多大。

スラーム教徒の生活は、もっぱら「コーラン」と「ハディース」によるべきだとした。信仰の純粋さを徹底して追求するタイミーヤの姿勢はあまりに過激なものであったため、周囲とことごとく対立し、その結果何度も投獄され、最後は刑死してしまった。

このタイミーヤの存在も、その思想も長い間顧みられることはなかった。過激すぎたんだろうね。

原理主義の源流ワッハーブ派の台頭

サウジアラビア建国

ところが、18世紀になってアラビア半島では、イスラーム教の改革運動としてワッハーブ派が台頭する。そのワッハーブ派には、タイミーヤの思想が大きな影響を与えることになった。ワッハーブ派は、現代のイスラーム教原理主義の源流だ。原理主義というのは、原点となる教えに徹底的に従おうというものだ。さらにワッハーブ派の台頭は、サウジアラビアの建国に結びついたから、その点でも重要だ。

現代になると、イスラーム教の世界で、もともとのムハンマドの時代の信仰のあり方に戻ろうとする動きが生まれ、原理主義の影響が強くなるんだけれど、それもタイミーヤの再評価に結びつくことになった。

そうしたなかから急進派が生まれ、2001年にアメリカで起こった同時多発テロに結びついたのではないかとも言われる。タイミーヤの影響は相当なものなんだ。

日蓮主義

実は日本にも、モンゴル帝国の襲来に危機感を抱いた宗教家がいた。それが日蓮だ。

日蓮[9]は、天台宗の総本山である比叡山で学んだんだけれど、大乗仏教の経典の一つ、「法華経」を信奉した。そして、鎌倉幕府が、「法華経」の教えに従い、浄土宗などの信仰を一掃しなければ、外国から侵略を受けるという予言を行った。日蓮自身は、モンゴルのことをどの程度認識していたかはわからないけれど、モンゴルが、支配下においた朝鮮半島の高麗とともに日本に襲いかかってくると、その予言は適中することになった。

9　日蓮（1222～1282）鎌倉時代の僧。日蓮宗の開祖。18歳で出家、比叡山などで修行し、法華経の信仰を説く。念仏宗などと争い、伊豆と佐渡に流罪。その教えは、近代以後の新宗教運動にも影響を与える。

幕府は日蓮を評価しなかったけれど、この出来事によって、日蓮は日本の危機を救う偉大な宗教家であるという評価も生まれ、それを強く信奉する人たちも生まれた。その延長線上に、近代では「日蓮主義」と呼ばれる運動が生まれ、前大蔵大臣や財閥のトップを暗殺した「血盟団」などというものも出ている。その点で、タイミーヤの後の時代への影響と似ているよね。

次には、モンゴルによって支配されるようになった中国の元、それに続く明や清のことを見ていくことにしよう。

コラム　宗教と経済

宗教と経済とは対極にあるように思えるかもしれないが、密接に関係している。対極だと感じられるのは、宗教が基本的に清貧を説くと考えられているからだろう。一方、経済の方は、利潤の追求をめざす。

ところが、宗教の世界には金が流れこんでくる。昔、権力者は、宗教に対して土地などを寄進した。自分たちがいかに篤い信仰を持っているかを示すためだ。それは、どの宗教でも変わらない。いったん寄進された土地は、神や仏のものになったので、神聖なものと見なされ、それを奪い返したり、税金をかけたりすることができなくなった。

しかも、寄進された土地は、宗教を維持するために経済活動に利用されるようになっていく。そこでは産業が起こり、多くの人が集まってきて、都市の原型のようなものが作られていくんだ。

キリスト教の修道院などが、その典型で、「祈れ働け」がモットーだったこともあって、経済活動が盛んになり、自ずと豊かになっていった。

すると、清貧というところからは遠ざかり、腐敗し堕落していくことも珍しくなかった。金にはそうした傾向がある。そうなると、それを革新するために、新しい別の修道院が生まれたりした。清貧がかえって貪欲に結びつく。これはかなり皮肉な現象だ。

第15講

中国の変遷と華夷思想

仏教15%、キリスト教2.5%、イスラーム教0.5%

現在の中国には、社会主義の政権として中華人民共和国が成立している。その総面積は、950万キロ平方に近い。ただ、それでも世界第4位で、第3位のアメリカ合衆国とそれほど変わらない。第1位はロシアで、第2位はカナダだ。

歴史を遡ってみると、中国の領土がもっとも広かったのは清の時代で、179

0年には1340万キロ平方にも及んだ。現在の1・5倍だ。

ただ、それまでの中国は、いくつもの国に分裂しているような時代も少なくなかった。またこれは重要なことなんだけれど、現在の中国で大半を占める漢民族が中国全体を支配するのではなく、他の民族に支配されることも珍しくなかった。

モンゴル人によって支配された元がその代表ということになるけれど、いったん漢民族による明が成立した後には、ふたたび満州族の清によって支配されることになった。

日本の場合、太平洋戦争に敗れた後には、アメリカを中心とした連合国によって占領されるという経験はしているものの、それも数年で終わったし、その間も日本人による政権は維持されていた。

その点では、中国と大きく違うわけだけれど、元と高麗によって攻められたとき、日本が負けていれば、モンゴル人の支配が及んでいた可能性もある。そうなると、日本のあり方もその後大きく変わっていたかもしれないね。

中国の宗教　その信仰の割合

中国の宗教ということになれば、土着の儒教と道教、それに外来の仏教、さらにはキリスト教やイスラーム教ということになる。

現在の中国でどの程度宗教が信仰されているのかということになると、これが結構難しい。中国を支配している中国共産党は共産主義をもとにしているので宗教に否定的だから、ほとんどの人たちは無宗教だとも言えるけれど、そういう人たちも、儒教や道教、それに仏教が混じり合った民間信仰を否定しているわけではないので、その信者であるとも言える。

ほかに、はっきりと仏教の信仰を持っている人たちが15パーセント、キリスト教が2・5パーセント、イスラーム教が0・5パーセント程度というデータもある。最近では、キリスト教がかなり勢力を拡大しているという情報もある。

イスラーム教は、新疆のウイグル人のなかに広がっている。僕は、もう随分昔だけれど、1970年代の後半に中国に行ったことがあるんだけれど、街のなかで「回回料理店」というのを見かけたことがあった。これは、回族、つまりはイスラーム教徒向けの料理を出す店のようだった。

儒教が果たしてきた重要な役割

こうした中国における宗教のあり方を見てみると、日本とも違うし、キリスト教が広まった国々とはかなり事情が違うように思えるんだ。

第13講でふれたように、日本では多くの土地を寄進された寺院や神社が一つの勢力を作り上げていたし、ヨーロッパでは、キリスト教の教会が独自の権力を誇っていた。

ダライ＝ラマ

中国でも、一時は仏教がかなりの広がりを見せたけれど、そうした状況にはあまりならなかった。チベットの場合には、チベット仏教の指導者であるダライ＝ラマが政治上の支配者になっていたこともあったけれど、中国全体で考えれば、それはむしろ例外だ。

けれども、中国の場合には、儒教が果たしてきた重要な役割というものを見ていかなければならないね。

華夷思想

中国には、古代から「華夷思想」というものがある。すでに紀元前8世紀以降の春秋・戦国時代にはそうした思想が生まれたともされている。これは、中国を文明の中心としてとらえ、周囲の風俗や言語を異にする人々を「夷狄《いてき》」として劣ったものとする考え方だ。「中華思想」と呼ばれることもある。

こうした思想をもとに実践されたのが「朝貢」だ。これは、周辺諸国が貢物をもった使節を定期的に中国に送ると、中国の皇帝がその使節に接見し、返礼品を与えるという外交上の制度のことだ。

これは、周辺諸国が中国に対して税金のようなものを支払っているかのように見えるかもしれないけれど、そうじゃない。というのも、中国からの返礼品は貢物より何倍も贅沢なものになるからだ。これによって中国の方が周辺諸国よりはるかに豊かで文明として進んでいることを示すことになった。

その際に重要なのは、周辺諸国の側が、中国の徳を慕って、あくまで自発的に朝貢を行うということなんだ。

徳治主義

その背景には、儒教によって説かれた「徳治主義」の考え方がある。

孔子のことばを集めたとされる論語には、「政《まつりごと》をなすに、徳を以てす。たとえば北辰のその所にありて、衆星のこれに共《つか》うるがごときなり」というものがある（「為政篇」）。これは、政治を行う者に徳が備わっていれば、北極星（北辰）が中心にあって、その周囲で星々が輝いているように、うまく国が治まることを意味する。

孔子は、とくに政治を行う者のあり方を問題にし、為政者は、つまりは中国を治める皇帝は高い徳を持たなければならないと主張したんだね。この考え方が、華夷思想のもとにあって、朝貢という外交関係を支えていたことになる。

科挙制度と漢字文化の導入

中国に特徴的な制度としては、「科挙」というものもあった。これは官僚となる人材を集めるための登用試験で、生まれや育ちには関係なく誰もが受験することができた。

ただ、試験勉強をするためにはかなりの準備が必要で、それには金がかかるため、結局は裕福な社会階層から官僚が生まれることになった。それでも、貧しい家に生まれた人間がその壁を突破するようなこともあった。

儒学が必須だった中国の官僚

科挙の試験に合格するには、儒教の教え、儒学について深く学んでおく必要があった。つまり、中国の官僚であれば、儒学は必須の知識だったわけだ。科挙の制度が整備されるのは宋の時代だったけれど、宋では官僚のほとんどを科挙の合格者が占めていたほどだ。

科挙の制度は、中国だけではなく、朝貢国になった朝鮮やベトナムにも伝わった。ということは、儒教もそうした国々に伝わったわけだ。日本の場合、科挙の制度については、それに似た課試という制度は生まれたけれど、官僚の地位は結局特定の家で世襲されることになってしまった。

また、儒教を取り入れるということは、漢字とそれにまつわる漢文や漢詩の文化を導入することでもある。

現在の韓国では、ハングルが中心で漢字は一部しか使われていない。ベトナムの場合には、漢字が使われているというイメージはないし、実際使われていないんだけれど、僕は一度ベトナムに調査旅行に行ったことがある。そのときある村を訪れたんだけれど、その村にある門には漢字が記されていた。現地の人たちはそれがまったく読めないんだけれど、日本人なら読むことだけはできた。

日本では漢字がすっかり定着している。近代化を進めるには、漢字を廃止してすべてローマ字にした方がいいという議論もあったけれど、そうなると、漢字で書かれた過去の文献を読めなくなってしまう。そうなると、伝統を受け継いでいくのが難しくなってしまうんだな。

元の建国から滅亡、明朝の誕生へ

色目人／士大夫

中国が華夷思想にもとづいて周辺の国々との関係を維持するには、儒教に従った政治的な支配を行う必要があるわけで、そこにこそ儒教の重要な役割があった。

ところが、モンゴル人による元王朝が成立すると、華夷思想が成り立たなくなってしまう。なにしろモンゴル人は漢民族ではなく、むしろ夷狄にあたるわけだからね。

元の時代には、科挙が行われない時代がしばらく続いた。しかも、元王朝では、中央アジアや西アジア出身の人々が「色目人《しきもくじん》」と呼ばれ、重要な官僚に抜擢された。それは、儒教の知識を身につけた「士大夫《したいふ》」と呼ばれる漢民族の人たちの活躍の場を大幅に狭めることになった。

モンゴル人とチベット仏教

モンゴル人自身は、素朴な天に対する信仰を持ってはいたものの、特定の宗教を信仰したわけじゃない。だから、自分たちの信仰を押しつけるということはなく、逆に、中国を支配するなかで、道教や仏教の信仰を知り、それを取り入れていった。とくにモンゴル人の貴族たちが熱心に信仰したのがチベット仏教だった。

ただ、元王朝の建国は1271年のことで、それは1368年に滅びてしまう。王朝としてはかなり短命だった。

元は、モンゴル帝国から生まれたものだから、交易が盛んになり、経済的には豊かになっていったものの、モンゴル人は贅沢な生活をするようになってしまった。それで重税を課したため、反発が強まり、仏教の一派である白蓮教による紅巾の乱などが起こり、元は滅亡してしまう。
その乱のなかから頭角をあらわしたのが、貧しい農民の出身だった**朱元璋**《しゅげんしょう》[1]で、儒教の教養を持つ士大夫の支援も受けながら、明朝を打ち立て、洪武帝として即位することになった。明は、元とは異なり300年近く続く。中国は、モンゴル人の支配から脱したことになるわけだ。
元が滅亡するにあたって、儒教ではなく、仏教徒による反乱がその引き金となったことが注目されるね。儒教は教団を組織するような宗教ではないため、その時代の体制に不満を持つ人間たちを集めるような形にはならない。だから、仏教だったわけで、そうした傾向は、清が滅びるときにも見られる。

易姓革命

中国には古代から「易姓革命」の考え方がある。これは儒家の**孟子**[2]が理論化したものだけれど、支配者が徳を失って悪政をしくと、天に見離され、王朝の交代が起こるという考え方だ。元の滅亡と明の誕生もこの易姓革命の一つと見なされた。易姓革命は、革命とは言っても、主体は人間ではなく天だから、フランスやロシアの革命のような一般の革命とはかなり性格が違うものだね。

朱子学

明は漢民族の国だから、元以前に戻ろうとする傾向が強かった。科挙の制度が整備され、その際には、宋の時代に生まれた儒教の新しい流れ、「朱子学」が重視された。朱子学は、**朱熹（朱子）**[3]という人が大成したものだけれど、道教や仏教の影響を受けていて、宇宙の成り立ちを、根本的な原理である「理」と、万物を構成する「気」から説明しようとした。

キリスト教と世界地図の伝来

朝貢貿易

とくに明が力を入れたのが朝貢貿易で、日本も、室町幕府の三代将軍、足利義満が朝貢を行い、「日本国王」に封ぜられた。

朝鮮やベトナムも同じで、明に対して朝貢を行っただけではなく、朱子学を取

1　**朱元璋**（1328～1398）中国・明朝初代皇帝（在位1368～1398）。洪武帝ともいう。貧農出身ながら紅巾軍の武将となり、長江一帯を平定。明朝300年の礎を築く。地方を自治する制度である里甲制を施行。

2　**孟子**（前372?～前289?）中国戦国時代の儒家。性善説に立ち、人は修養によって仁義礼智の四徳を成就する可能性をもつことを主張した。仁政徳治による王道政治を提唱。後に孔子と並んで「孔孟」と称される。

3　**朱熹（朱子）**（1130～1200）中国・南宋の儒者。宋学の大成者であり、朱子学の祖。その思想は、儒教、仏教、道教を取り入れ、倫理学、政治学、宇宙論に及ぶ体系的な哲学を確立する。著書に『四書集注』『近思録』。

坤輿万国全図

り入れて科挙の制度を整備したりした。

しかし、16世紀になると、次の講義で取り上げる大航海時代になり、ヨーロッパの文物が明や、明に朝貢している国々にも入ってくるようになる。重要なのは鉄砲とキリスト教だ。

日本には、16世紀半ばにポルトガルから鉄砲が伝えられ、南蛮貿易も行われるようになる。それを背景に織田信長や豊臣秀吉が天下統一に乗り出すんだけれど、秀吉は、朝鮮にまで出兵した。明としては、朝鮮が朝貢国だから援軍を送り込んだんだね。結局日本は、秀吉が亡くなることで朝鮮から撤退してしまう。

日本にも鉄砲の後にキリスト教が伝えられることになるけれど、中国でも同じで、とくに中国では、上層階級である士大夫がキリスト教を受け入れた。それはたんに新しい宗教が取り入れられたということだけではなく、中国の外側には、中国の人々がそれまで知らなかった世界が存在していることを認識させることになった。

宣教師の**マテオ＝リッチ**[4]のもたらした世界地図、「坤輿《こんよ》万国全図」の衝撃は大きかった。それまで中国の人間たちは、自分たちの属する中華を夷狄が取り囲んでいるという世界しか知らなかったからね。

そのような変化が起こるなか、中国の東北地方にいた満州族の**ヌルハチ**[5]が勢力を拡大し、皇帝に即位し、清を打ち立てる。その後、明が滅ばされたことで、ふたたび中国は、漢民族ではない満州族の支配を受けることになった。

清の皇帝は、チベット仏教に強い関心を持ち、それを保護する立場にある「文殊皇帝菩薩」と称するようになるんだ。ただ、科挙は存続させたし、儒教を否定したわけでもない。かえって漢民族に対しては、儒教の説く徳を身につけることを求めた。

雍正帝と曾静の論争

これは清の第5代の皇帝、**雍正帝**《ようせいてい》[6]の時代のことなんだけれど、湖南省の学者、**曾静**《そうせい》[7]という人が、華夷思想にもとづいて、皇帝は漢民族であるべきだと主張した。それで曾静は捕らえられるんだけれど、雍正帝は彼を処刑するのではなく、自ら

4　**マテオ＝リッチ**（1552～1610）イタリアのイエズス会宣教師。中国名は利瑪竇。中国へのキリスト教宣布の先駆者であり、布教の基礎を築く。西洋学術を紹介し、中国最初の世界地図「坤輿万国全図」を作成。著書に『天主実義』。

5　**ヌルハチ**（1559～1626）中国清朝初代の皇帝（在位1616～1626）。姓は愛新覚羅。建州女真を統一後、女真族各部をまとめる。国号を後金として英明皇帝と称した。満州文字や八旗制度を制定、清朝の基礎を確立。

6　**雍正帝**（1678～1735）中国清朝第5代皇帝（在位1722～1735）。綱紀粛正、官制改革により集権制を徹底化、税制の安定を図る。青海・チベットを平定、ロシアとはキャフタ条約締結。キリスト教を禁じる。

尋問し、曾静の主張に反論したんだ。

雍正帝は、自分が夷狄であることを認めた上で、漢民族が堕落していることを指摘し、中華と夷狄のあいだには区別など存在しないのだと説いたんだね。これには曾静は反論できず、自分の過ちを認め、それ以降は、むしろ雍正帝の偉大さを宣伝する側にまわった。なかなか立派な皇帝だ（この話については、平野聡『大清帝国と中華の混迷』講談社学術文庫が参考になるよ）。

宗教的組織による反乱と清の滅亡

雍正帝を間に挟んだ**康熙帝**《こうきてい》[8]や**乾隆帝**《けんりゅうてい》[9]も有能な皇帝だったと言われるけれど、19世紀に入るとヨーロッパ各国が進出してきて、アヘン戦争やアロー戦争が起こり、清は次第に力を失っていく。

太平天国と義和団の反乱

そのなかで、「太平天国」や「義和団」といった宗教的な組織による反乱が起こる。太平天国の方は、キリスト教の影響を受け、指導者である洪秀全《こうしゅうぜん》は、自分はイエス・キリストの弟だと称した。

一方、義和団の方は、「扶清滅洋」というスローガンを掲げた。これは、清を助け外国の勢力を排除するというものだ。日本でも幕末に「尊皇攘夷」というスローガンが掲げられたのと似ている。同時代に起こったことだから共通性があるわけだ。海外の勢力が脅威になると、そうした考え方が生まれるわけで、義和団は反キリスト教の運動を展開した。

辛亥革命

王朝が滅びていく際に、儒教以外の宗教の反乱が起こったというのが元の末期と共通する。清は、そうしたなかでなんとか近代化をはかろうとするんだけれど、日清戦争で敗れたこともあり、辛亥革命で中華民国が建国された後、1912年に滅んでしまう。この革命は、易姓革命として天が引き起こしたものではなく、人間が主体となったものだね。

7　曾静（1679〜1735）中国清代の学者。朱子学者・呂留良の影響を受け、思想・社会改革の実現を目指す。門人を介して川陝総督岳鍾琪に謀反を勧め捕縛。この事件を契機に《大義覚迷録》が編纂される。

8　康熙帝（1654〜1722）中国清朝第4代皇帝（在位1661〜1722）。三藩の乱を鎮定し、チベット、台湾を平定。ロシアの東進を阻む。イエズス会宣教師を通じ西洋学問を吸収。学芸を奨励し『康熙字典』等の編纂を行う。

9　乾隆帝（1711〜1799）中国清朝第6代皇帝（在位1735〜1795）。10回に及ぶ遠征によりインド、台湾、チベット等を平定、領土を拡大。祖父康熙帝とともに清朝最興隆期「康熙・乾隆時代」を実現。

では、次にオスマン帝国やムガル帝国が生まれ、大航海時代がはじまった時代についていて見ていくことにしよう。

コラム　宗教と帝国

世界の歴史を振り返ってみると、それは、帝国の興亡であったりする。歴史のなかには、実に多くの帝国が登場し、版図を広げ、やがては滅んでいった。

帝国は国家とは異なり、版図が広い分、どこまでがその領域なのかがあいまいで、そのなかには多様な民族が含まれ、信仰もさまざまだ。

宗教が世界に広がる上で、帝国が果たした役割はかなり大きい。ローマ帝国のなかにキリスト教が広がったことがその典型だが、イスラーム教の場合にも、数多く現れたイスラーム帝国が、この宗教を世界に広める上で決定的な役割を果たした。

帝国のなかには長く続いたところもあれば、短命に終わったものもある。けれども、帝国が宗教を広める役割を果たした際には、帝国が滅びても宗教は残る。それだけ、宗教の方がしぶといとも言える。

ただ、モンゴル帝国のように、天に対する漠然とした信仰はあったものの、体系的な宗教がなかったために、宗教を広める役割を果たさなかった帝国もある。モンゴル帝国は、むしろチベット仏教やイスラーム教を取り入れていった。

帝国と宗教との関係に注目すると、いろいろなことが見えてくる。帝国はその統合のために宗教を必要とし、逆に宗教は、その拡大のために帝国を必要とする。両者の密接な関係が、世界の歴史を形作ってきたと言えるのではないだろうか。

第16講

新たな帝国の誕生と大航海時代の到来

オスマン帝国が与えたはかりしれない影響

15世紀から16世紀にかけて、世界は大きく動いていく。まあ、世界史は古代から激動の連続だから、この時代だけが特別ではないけれど、その後の歴史を考えれば、オスマン帝国やムガル帝国の成立、そして、大航海時代のはじまりは重要だ。

前の講義でふれた中国でも、これは明の時代にあたる。明は、モンゴル人の元王朝を倒して成立したわけだから、モンゴル帝国が力を失ってから、世界がどのように変化していったのかという問題としてとらえていいのかもしれないね。

十字軍遠征とモンゴル帝国拡大

最初に十字軍が西ヨーロッパと西アジアを結びつけることになり、その後、モンゴル帝国が拡大することで広大な領域が結びつけられるようになっていった。そうした動きが世界をどんどんと変化させていくことになったんだ。その変化は、現代にまでかなり影響を与えている。

オスマン帝国が成立するのは1300年ごろのこととされる。中央アジアから移住してきたトルコ人がアナトリア西北部を制圧し、それが帝国のはじまりとなる。

オスマン帝国が滅びるのは1922年のことになるから、この帝国は500年以上続いたわけだ。これは一つの帝国としてはかなり長い。しかも、オスマン帝国は西アジアだけではなく、北アフリカや東ヨーロッパまで勢力を広げたから、それが与えた影響ははかりしれないものになる。

スルタン

以前は、オスマン・トルコ帝国と呼ばれることが多かった。それは、「スルタン」と呼ばれる皇帝がトルコ人だったからなんだけれど、帝国のなかにはさまざまな民族が居住していたから、決してトルコ人だけの帝国というわけじゃない。そこで最近では、オスマン帝国と呼ばれるようになった。

民族という概念

民族というのはとても難しい概念だ。言語や風俗、宗教を共通にしているのが民族だとされるけれど、どこまで共通なのか、判定する基準がない。しかも、民族は歴史を経るなかで、そこにさまざまな人々が入ってくるので、純粋な民族などというものはどこにも存在しない。完全に孤立して生活でもしていない限り、それは無理だ。

ある民族が別の民族を差別して、弾圧するようなことも、世界史ではくり返されてきていて、民族の違いは大きな意味を持ったりする。けれども、民族を区別する基準は実ははっきりしていないんだ。

帝国の特徴

帝国というのは、これまでも見てきたように、多民族、多宗教を特徴としている。一つの民族が一つの帝国を作り上げるというわけじゃない。

オスマン帝国の場合にも、イスラーム法による支配が行われたから、イスラーム帝国の一つということにもなるけれど、帝国のなかでは他の宗教の信仰を持つ人たちも、とくにさまざまな宗派のキリスト教徒ということになるけれど、生活していたんだね。

ビザンツ帝国の滅亡とイスラーム教勢力の拡大

コンスタンティノープルの陥落

オスマン帝国に関係するまず最初の重要な出来事としては、**メフメト2世**[1]の時代になるけれど、1453年にビザンツ帝国を滅ぼしたということがあげられる。

その時代のビザンツ帝国は、領土が相当に狭くなっていて、ほぼ首都のコンスタンティノープルだけになっていた。コンスタンティノープルは、第12講でふれたように、強力な城壁都市だったから最後まで守られていたんだけれど、ここでオスマン帝国に破られてしまった。

ビザンツ帝国の宗教はギリシア正教会で、コンスタンティノープルはその中心だった。今でもコンスタンティノープルにはコンスタンティノープル総主教庁があって、ギリシア正教会のなかではもっとも権威があるとされている。けれども、コンスタンティノープルが陥落し、そこがオスマン帝国の支配下におかれ、イス

1　**メフメト2世**（1432～1481）オスマン朝第7代スルタン（在位1444～1446／1451～1481）。コンスタンティノープルを攻略し、ビザンツ帝国を滅ぼす。「征服王」と呼ばれる。法律を集大成し『法典』を編纂。

タンブルと改称されて帝国の首都になったことで、ビザンツ帝国があった地域にもイスラーム教が広がっていくことになる。

スレイマン＝モスク

イスタンブルには、いくつも立派なモスクが建っている。16世紀なかばに建てられたスレイマン＝モスクや、17世紀はじめに建てられ、ブルー・モスクとも呼ばれるスルタンアメフト＝モスクなどが有名だけれど、もう一つ、ハギア＝ソフィア聖堂というモスクがある。

ハギア＝ソフィア聖堂の変遷

これは、アヤソフィアとも呼ばれるけれど、もともとはキリスト教の聖堂として建てられたものだった。現在の建物は、6世紀にビザンツ帝国の**ユスティニアヌス1世**[2]が建造したものだ。それが、オスマン帝国によって一部改築されてモスクに転用された。メッカの方角を示すミフラーブや4本の尖塔が加えられたんだね。モザイク画も漆喰で塗りつぶされてしまった。

オスマン帝国が滅んでトルコ共和国が成立すると、モスクは宗教的に中立な博物館になり、漆喰もはがされた。ところが、これはごく最近の2020年のことだけれど、トルコのエルドアン大統領は博物館をモスクに変更してしまった。これは、世俗国家だったトルコがイスラーム化していくということで国際的に物議を醸した。ハギア＝ソフィア聖堂の変遷を見るだけでも、帝国と宗教の間にある

ヨーロッパ各国にとって驚異に

複雑な関係を知ることができるんだ。

その後のオスマン帝国は領土を拡大していき、同じイスラーム王朝であるイランのサファヴィー朝を破ってシリアに進出した後は、エジプトのマムルーク朝を破る。それまでマムルーク朝はメッカとメディナというイスラーム教の二つの聖都を管理していたから、オスマン帝国はその保護権を手に入れることになった。

それによって、オスマン帝国のスルタンは、スンナ派イスラーム教の最高指導者であるカリフとなり、「スルタン・カリフ制」が成立したとされてきた。ところが、これは18世紀になって言われるようになったことで虚構だと教科書でも説明されている。

ただ、オスマン帝国が、他のイスラーム王朝を打ち破り領土を広げていき、バルカン半島にまで勢力を拡大したことは大きい。その上、1529年にはオーストリアのウィーンを包囲するまでになるからね。これは、ヨーロッパの各国にとっては大きな脅威だと受け取られた。こうして、オスマン帝国の勢力を無視する

2　**ユスティニアヌス1世**（482／483～565）ビザンツ帝国皇帝（在位527～565）。ヴァンダル、東／西ゴートを討ちローマ帝国旧領を回復。聖ソフィア寺院を建立。ユスティニアヌス法典を編纂させ、東ローマ中興の英主と呼ばれる。

ことができなくなったことは、重要な意味を持った。

バルカン半島における宗教をめぐる複雑な状況

金曜はモスクへ　日曜は教会へ

こうした経緯があるために、バルカン半島における宗教をめぐる状況はとても複雑だ。キリスト教のカトリック教会とギリシア正教会がもともと勢力を広げていたところにイスラーム教が入ってくる形になったわけだからね。

大ざっぱに言えば、バルカン半島の西の地域はカトリック教会が、東の地域はギリシア正教会の力が強いけれど、そのなかにはイスラーム教が支配的なところも含まれている。

だから、20世紀になっても、バルカン半島では、金曜日にはモスクへ行き、日曜日にはキリスト教会に行く人たちもいた。宗教は何かと聞かれると、十字を切り、「イスラーム教徒ですけど、聖母マリアのですよ」と答える人だっていたくらいだ（マーク・マゾワー『バルカン――「ヨーロッパの火薬庫」の歴史』（井上洋廣訳、中公新書）にそんな話が出てくる）。

帝国というのは領土を拡大していくわけだけれど、なんでそんなことをするか、簡単に言えば税金をとるためだ。武力で支配地域を拡大しても、税金をしっかりと徴収できなければ意味がない。

自発的改宗者を生んだ背景

オスマン帝国は、イスラーム法によって支配するので、イスラーム教徒と啓典の民であるキリスト教徒やユダヤ教徒を税の面で区別した。啓典の民は、イスラーム教徒よりも少し税金が高かった。でも、それだけ支払えば、自分たちの信仰を守ることができた。

これも税金に関係するけれど、オスマン帝国ではイスラーム教徒でなければ、税金を免除される支配階級になれなかった。こうした体制があったため、徐々にイスラーム教に改宗するキリスト教徒も出てきた。イスラーム教は、基本的に布教を行わない宗教だけれど、こうした仕組みを整えることで自発的な改宗者を生んだわけだ。

イスラーム教のインドへの浸透

ムガル帝国成立

一方、インドでは、すでに13世紀からいろいろなイスラーム王朝が生まれていたけれど、1526年に成立したのがムガル帝国だ。ムガルというのはモンゴルに由来するんだけれど、ムガル帝国の初代になった**バーブル**[3]は、西チャガタイ＝ハン国出身の**ティムール**[4]の子孫だった。

ティムールの開いたティムール朝は、イラン人の世界とトルコ人の世界を統一して、イランとイスラームの文化が融合された。

そうした方向性は、ムガル帝国でも受け継がれ、イスラーム教と土着のヒンドゥー教が融合するようになる。

仏教の〝消滅〟

インドで仏教が広まったのは、カースト制度から逃れたいと思う人たちがいたからだけれど、イスラーム教の場合にも、唯一絶対の神のもとでの平等を説くので、それが差別に苦しむ人々に受け入れられる要因になったとされるね。その点で、イスラーム教があれば仏教は不要ということになったのかもしれない。それでインドから仏教は一時完全に消滅してしまった。

シク教

さらに15世紀には、ヒンドゥー教とイスラーム教を融合させたシク教が生まれる。**ナーナク**[5]という人が開いた宗教だけれど、唯一の神への信仰を説き、カースト制を否定し、偶像崇拝を禁止した。シク教はかなりの広がりを見せ、19世紀にはシク王国を樹立するまでになるんだけれど、イギリスの支配に対抗して戦争を起こしたもののそれに敗れ、1849年に王国は滅ぼされてしまう。

イスラーム教がインドに浸透していったことは、その後のインド社会のあり方に大きな影響を与えることになる。イスラーム教には、オスマン帝国に見られるように、キリスト教徒やユダヤ教徒と共存するためのシステムは確立されている。けれども、ヒンドゥー教徒は、啓典の民ではなく多神教徒だ。イスラーム教には、多神教徒と共存するシステムがない。

イスラーム教vsヒンドゥー教

それでも、ムガル帝国の第3代皇帝、**アクバル**[6]は、なんとかイスラーム教とヒンドゥー教の融合をはかろうとして、自らヒンドゥー教徒の女性と結婚したり、

3　**バーブル**（1483〜1530）インドのムガール帝国初代皇帝（在位1526〜1530）。パーニーパットの戦い（1526）でロディー朝軍を破り首都デリーを占領後、北インド主要部を征服。回想録に『バーブル・ナーマ』。

4　**ティムール**（1336〜1405）ティムール朝の祖（在位1370〜1405）。中央アジアの支配権掌握後、イラン、西アジア、南ロシア、インド等に遠征し、広大な帝国を形成する。オスマン朝の進攻を一時期停滞させる。

5　**ナーナク**（1469〜1538）中世インドの宗教家。ヒンドゥー教とイスラム教を統合したシク教の開祖。改革者のカビールなどから大きな影響を受け、30歳のとき出家。神の唯一性、内在性を詩の形で説く。その讃歌は『根本聖典』に収録。

6　**アクバル**（1542〜1605）インドのムガル帝国第3代皇帝として帝国の基礎を確立（在位1556〜1605）。デカン地方を除く全インド征服。中央集権化のため徴税制度等を整備。イスラームとヒンドゥー教徒の融和に努める。

イスラーム教徒でない人間にだけ課されていた人頭税を廃止したりした。税の面で平等をはかろうとしたわけだ。

けれども、第6代の**アウラングゼーブ**[7]になると、その治世にムガル帝国は領土をもっとも拡大させるんだけれど、イスラーム教神秘主義のナクシュバンディー教団の影響を受け、イスラーム法による支配を徹底しようとした。イスラーム教の信仰が篤かったとも言える。そして、ヒンドゥー教の寺院を破壊したり、人頭税を復活させたので、反発を招くことになり、アウラングゼーブが1707年に亡くなると、それがムガル帝国の滅亡へと結びついていくことになった。

やがてインドは、イギリスの植民地になっていくわけだけれど、そこには、「大航海時代」の到来ということが関係していた。

大航海時代の最初の主役――スペインとポルトガル

後ウマイヤ朝

大航海時代の最初の主役はスペインとポルトガルというイベリア半島の二つの国だ。イベリア半島には8世紀のはじめからイスラーム教が入ってきていて、イスラーム教の後ウマイヤ朝が成立していた。

国土回復運動

　そこでイベリア半島をキリスト教の手に取り戻そうとする「国土回復運動《レコンキスタ》」が試みられるようになるんだけれど、これは実に長い戦いになる。最終的には、カスティリャ王国とアラゴン王国が統一してスペイン王国が1479年に成立し、1492年にイスラーム教の勢力の最後の拠点になっていたグラナダを陥落させることに成功する。これで、イスラーム教徒がイベリア半島から駆逐されたことになる。

　この1492年というのは、ちょうどスペイン王国の**イザベル女王**[8]が、コロンブスの船団をインドに向けて出発させた年でもある。**コロンブス**[9]は地球が球体であると信じ、西に向かって航海していけばインドにたどり着けるはずだと考えたんだね。

7　アウラングゼーブ（1618〜1707）インドのムガル帝国第6代皇帝（在位1658〜1707）。帝国領土を最大にするも、厳格なスンナ派イスラーム教徒として他教徒を弾圧したため反乱を招く。財政破綻を引き起こし帝国を衰退させた。

8　イザベル女王（1451〜1504）カスティリャ女王（在位1474〜1504）。アラゴン王子フェルナンドと結婚、スペイン統一の基礎を作る。コロンブスの航海を援助。カトリック教会を強化し、「カトリック両王」の称号を得る。

9　コロンブス　☞207頁の注**4**参照。

もちろん、コロンブスとしてはインドにたどり着くことで、金銀や香辛料の交易ルートを開拓しようとしたんだけれど、その一方で、キリスト教を布教しようという意図も持っていた。スペインの王室が、コロンブスに資金援助したのも、それがあったからだ。それを象徴するように、最初に行き着いた西インド諸島の島は「サン・サルバドル」、つまりは聖なる救世主と名付けられている。

貿易拡大とキリスト教の布教

これは、大航海時代全体に共通して言えることだけれど、航海の目的は、貿易の拡大とともにキリスト教の拡大ということにあった。

その波は16世紀になると日本にも及ぶことになり、1543年にポルトガル人によって種子島に鉄砲がもたらされ、49年にはスペイン人の宣教師、**フランシスコ＝ザビエル**[10]によってキリスト教が伝えられる。

イエズス会

ザビエルは、イエズス会という修道会の創立メンバーの一人でもあったんだけれど、イエズス会は、まだキリスト教が広まっていない海外の地域に出かけていき、そこで布教を試みる。そして、そのための資金を貿易によって稼ぎ出そうとした。それで他の修道会から批判を受けたりもするんだけれど、この時代、貿易とキリスト教の布教は深く結びついていたんだね。

くり返された〝征服者〟による大虐殺

新大陸の「発見」

コロンブスは、サン・サルバドル島にたどり着いたとき、そこがインドであると信じた。そして、そこに住んでいた人々を「インディオ」と呼んだ。だから、後にその地域は西インド諸島と呼ばれるようになるんだけれど、昔は、これによってコロンブスは新大陸を「発見」したのだと言われた。

これはもちろん、コロンブスのようなヨーロッパの人間からの見方で、今では、コロンブスのことは西インド諸島に到達した最初のヨーロッパ人などと紹介されたりしている。コロンブスが発見する前にも、西インド諸島や新大陸は存在したわけだからね。

コロンブス自身は、その後3回、全部で4回航海をしていて、3回目には南米のベネズエラにも上陸している。けれども、彼は最後まで自分がたどり着いたのはインドだと信じた。あるいは信じようとしたようだ。

10　**フランシスコ＝ザビエル**　☞129頁の注**1**参照。

コロンブスの一行は、現地で大虐殺を行い、また、彼らが持ちこんだ伝染病によって現地の人々は大量に亡くなっている。こうしたことは、**コルテス**[11]がメキシコを征服したときにも、**ピサロ**[12]がインカ帝国を滅ぼしたときにもくり返されることになる。

商業革命

ヨーロッパが力を持っていく上では、大航海時代が訪れ、商取引が世界全体に拡大したことが大きな意味を持ったんだね。これは「商業革命」と言われている。今も進行中の「グローバリゼーション」の先駆けにもなるものだ。

では、商業革命によってヨーロッパはどのように変わっていったのか。次には、ルネサンスと宗教改革について見ていくことにしよう。

---

11 **コルテス**（1485〜1547）スペインのメキシコ征服者。1519年キューバ植民地総督の命でメキシコに攻め入る。1521年アステカ王国を征服。その後ヌエバ・エスパーニャ植民地を建設し、総督となる。

12 **ピサロ**（1475頃〜1541）スペインの探検家・新大陸征服者（コンキスタドール）。探検家バルボアの事業の後を継ぎパナマ市の建設、コロンビアの探検等を行なう。1533年インカ帝国を征服、スペインの支配下におく。

コラム　宗教と食事

宗教には、食べ物をめぐるタブーがある。

ユダヤ教やイスラーム教では、豚を食べることが禁じられている。ただ、ユダヤ教徒やイスラーム教徒が、豚を食べることを我慢しているわけじゃない。長く禁じられてきたために、豚は穢いものである、そういう感覚が強くなり、彼らは豚を食べようなどとは思わない。

反対に、ヒンドゥー教では、牛を食べない。こちらは、牛が神聖なものと考えられているからで、それで牛を食べることがタブーになっているのだ。

ところが、このことが宗教対立の原因になり、対立を深める役割を果たしていたりする。

インドの人々の多くはヒンドゥー教を信仰しているが、イスラーム帝国に支配されていた影響もあって、イスラーム教徒も多い。ヒンドゥー教徒からすれば、イスラーム教徒は巡礼月の最後に犠牲祭を行い、牛も犠牲に捧げるので、それは冒瀆的な行為に思える。しかも、ヒンドゥー教には、殺生をしないという考え方が強く、ベジタリアンが多かったりするので、その感覚は余計に強くなる。

なぜユダヤ・イスラーム教で豚を食べることが禁じられるのか。なぜ、ヒンドゥー教で牛が神聖視されるのか。その理由は、必ずしもはっきりしないところがある。

しかし、タブーが一度生まれると、それは時代を超えて受け継がれ、信者のあいだでは、否定できない絶対のことになってしまうのだ。

第17講

ルネサンスと宗教改革

大航海時代によって増した伝染病の脅威

ルネサンスというのは14世紀からはじまる文化の復興運動のことをさしている。ルネサンスはフランス語で「再生」とか、「復活」の意味だね。

12世紀ルネサンス

ただし、それに先立つ形で12世紀ルネサンスが起こったことについては第13講でもふれた。十字軍の時代には、ヨーロッパのキリスト教文明は、イスラーム教文明に遅れをとっていた。その遅れを取り戻したということで12世紀ルネサンスは大きな意味を持ったんだ。

キリスト教文明とイスラーム文明との差は、第13講でも述べたように、医学の分野で明らかだった。古代から人類社会はくり返し伝染病の流行という事態に直面してきたけれど、キリスト教世界の医学では、「瘴気説《しょうき》」が主流だった。これは、伝染病は沢沼地から立ちのぼってくる瘴気という悪い空気によるものだと説明するものだね。この説が細菌やウイルスが発見されるまで信じられていた。

黒死病の流行

そうしたキリスト教社会を14世紀に襲ったのが黒死病だ。今ではペスト菌によるものだと考えられているけれど、1348年から49年にかけて爆発的に流行し、人口の30パーセントが失われたと言われる。そこには、大航海時代が訪れ、商業活動が活発化していたことが影響していた。

交易が盛んになることで、伝染病もヨーロッパにもたらされたんだね。他の地域では、ペストの流行はすでにくり返されていて、免疫もあったため多くの命が失われることにはならなかった。ところが、ヨーロッパではそうしたことが起こっていなかったから、免疫がなかった。その後、伝染病は新大陸にもたらされ、そこでも多くの犠牲者を生むことになる。世界がつながっていくことで、伝染病の脅威が増したわけだ。

当時はまだ、伝染病の原因が何かをはっきりと理解することができなかった。そうなると、キリスト教には原罪の教義があるわけで、伝染病の流行は自分たちが罪深い行為をしているからだと考えられた。

商業の発展がもたらしたもの

利子の禁止↓合法化へ

その時代には、商業活動が盛んになっていったわけだけれど、キリスト教の世界では、商売をするということも罪深いものとされていた。何しろ商業では、こちらで仕入れたものを別のところで、より高い値段で売るわけだからね。何もしないで儲けるのは罪深い。そのように考えられたんだ。商業の宗教であるイスラーム教とはここで大きく違うわけだ。

それに、第10講でもふれたように、一神教の世界では利子をとることが禁止されてきた。信仰を同じくする仲間からは利子をとってはならないというのが、ユダヤ教、キリスト教、イスラーム教に共通する考え方だ。

商業活動がまだ盛んではない時代には、利子をつけて金を借り、それを資金に商売をする、商売を広めるということはあまり行われていなかった。ところが、商業活動が盛んになり、しかも交易が世界を股にかけて行われるようになると、資金が求められるようになる。船団を組んで海に乗り出していくわけだから、そのために相当な額の資金をあらかじめ調達しなければならなかった。

利子をとらなければ金を貸しても構わないわけだけれど、航海には危険がつきまとい、大きな損出を出すこともある。となれば、利子なしに金を貸す人間なんていない。そこで、なんとか利子の禁止にふれないようなやり方が考案されることになった。

たとえば、無利子で金を借りて返済するときに、金を貸してくれたことに対するお礼としてプレゼントするといったやり方だね。あるいは、何かの事業をするときに、事業をする人間と金を出す人間が共同で出資して、利益が出ても、損が出ても、それを分け合うというやり方もとられた。実際には利子をつけて金を貸しているようなものだけれど、これなら利子の禁止に反してはいないとされたんだね。

スコラ学のことについては第5講と第13講でふれたけれど、その議論のなかから、利子を合法化する理論も生み出されていった。そうなれば、金融ということが発展していくことになる。

芸術、科学、技術が発達した時代

メディチ家

ルネサンスの中心になったのはイタリアだった。当時のイタリアはいくつもの国に分かれていたけれど、ヴェネチアやフィレンツェ、ジェノバといった国が競って海外との交易を行った。

そのフィレンツェで金融財閥として力を持ったのがメディチ家だね。メディチ家は、ヨーロッパ各地に支店を設けて、その間で為替取引をしたんだけれど、地域によってそれぞれの国で使う通貨の価値が違い、それが絶えず変動するのに目をつけて、儲けを出すことに成功したんだ。これも、利子の禁止を免れるための一つの手段だね。

メディチ家を隆盛に導き、政府の実権まで握ったのが**コジモ・デ・メディチ**[1]という人物だった。ところが彼は、自分のことを「神からの借財人」だと考えていた。利子の禁止を免れるような形で金融業を営んではいたものだから、そこに罪の意識が働いていたわけだ。

贖罪のための寄進、芸術家支援

そこで、贖罪のために教会を建てる資金を寄進したり、芸術家を積極的に支援した。芸術家は、教会を飾るキリスト教美術を創作したわけで、それは宗教的な意味を持った。芸術家を支援する人間を「パトロン」と言うけれど、コジモはパトロンになることで、罪滅ぼし、贖罪をしようとしたんだね。それが、ルネサンスの文化を花開かせることにつながったわけだから、原罪の観念の影響は意外なところにまで及んでいたことになる。

キリスト教美術

16世紀には、ローマにサン＝ピエトロ大聖堂が建設される。今のバチカンだ。サン＝ピエトロというのは、イエス・キリストの弟子の一人、ペテロのことで、そこにはペテロの聖遺物、つまりは遺骨が祀られている。

その建築にかかわったのが**ミケランジェロ**[2]ということになるんだけれど、彼はダヴィデ像という彫刻も造っている。ダヴィデというのはユダヤの王で、「旧約

1　コジモ・デ・メディチ（1389〜1464）イタリア・フィレンツェの政治家。父の興した銀行・両替業を発展させ巨万の富を得て、メディチ家の礎を築く。教会をはじめ多くの建物を建造し、ルネサンス美術・学術の振興に尽力する。

2　ミケランジェロ（1475〜1564）イタリア・ルネサンス期を代表するイタリアの彫刻家、画家、建築家、詩人。メディチ家の庇護を受ける。彫刻作品に《ピエタ》《ダヴィデ》、絵画作品に《創世期》《最後の審判》など。

聖書」にも登場する。イエス・キリストは、その子孫であるともされている。

これに代表されるように、ルネサンスの美術はキリスト教の信仰をテーマにしているものが中心だった。**レオナルド＝ダ＝ヴィンチ**[3]や**ラファエロ**[4]などもキリスト教美術の重要な担い手になった。

地動説

ルネサンスは芸術だけではなく、科学や技術を発展させることにもなっていく。ポーランドの**コペルニクス**[5]が地動説を唱えたのも、その影響だ。キリスト教会は、聖書に描かれているように天動説をとったから、地動説は衝撃を与えた。

活版印刷術

また、ドイツの**グーテンベルク**[6]は活版印刷術を改良して、書物を大量に、しかも早く安く印刷する方法を生み出した。こうした技術の発展は、カトリック教会の権威を揺るがすことに結びついていくんだけれど、そこで起こったのが「宗教改革」だった。

カトリック教会に対する批判の高まり

贖宥状

メディチ家は権力を握ることによって、ローマ教皇を出すまでに至るんだけれど、メディチ家出身のレオ10世は、サン＝ピエトロ大聖堂を建てる資金を調達するために、「贖宥状《しょくゆうじょう》」を発行する。贖宥状は「免罪符」とも言われるけれど、それさえ購入すれば罪を赦されるとしたんだね。これは、金で信仰を買うような行為になる。

九十五カ条の論題

こうした教会のあり方を批判したのが、**マルティン・ルター**[7]だ。彼は修道士だったんだけれど、ヴィッテンベルク大学の教授になっていた。今、この大学はマルティン・ルター大学ハレ・ヴィッテンベルクと呼ばれている。

ルターは、1517年に「九十五カ条の論題」というものを発表して、贖宥状

3　**レオナルド＝ダ＝ヴィンチ**（1452〜1519）イタリア・ルネサンス期を代表する芸術家、建築家、科学者。《モナ・リザ》《最後の晩餐》等の傑作を残し、都市計画などにも携わり「万能の天才」として、後世に多大な影響を与えた。

4　**ラファエロ**（1484〜1520）イタリア・ルネサンス期を代表する画家。多くの聖母像を描き、バチカン宮殿の壁画装飾、サン＝ピエトロ大聖堂の設計にあたる。作品に《サン・シストの聖母》《アテネの学堂》など。

5　**コペルニクス**（1473〜1543）ポーランドの天文学者、ローマ・カトリック教会の聖職者。ギリシア思想の影響を受け、後に地動説を提唱。天文学界と思想界に一大革命をもたらす。著書『天球の回転について』を死の直前に刊行。

6　**グーテンベルク**（1400頃〜1468）西欧最初の活版印刷の発明者。1450年頃、鋳造活字を使った印刷機を考案。『四十二行聖書』（グーテンベルク聖書）を印刷。その技術はヨーロッパに普及し、宗教改革や科学革命を促す。

7　**マルティン・ルター**　☞39頁の注**1**参照。

を発行する教会のやり方に異議を申し立てた。この論題は、最初ラテン語で書かれた。教会ではラテン語が用いられていたからね。

ところが、それが誰でも読めるドイツ語に翻訳されることで、ドイツ国内に瞬く間に広がっていった。当時は、カトリック教会が絶大な権力を誇っていたので、それに対する反発が強まっていた。ルターの論題は、その反発に火をつけた形になり、教会批判が高まっていく。そこでレオ10世は、ルターを破門にしてしまった。

ドイツ農民戦争

カトリック教会は莫大な領地を寄進され、そこで農耕に従事する農民たちに対して重税を課していた。当然、農民たちの間では不満が募っていたわけで、ルターに影響された**ミュンツァー**[8]のもと農民たちが立ち上がり、1524年から25年にかけてドイツ農民戦争が勃発する。

ルター自身は、この農民の反乱を弾圧する側にまわってしまうんだけれど、カトリック教会に対する反発は、ドイツの諸侯たちの間にもあり、それが教会から離れる動きへ発展していく。

キリスト教の新しい流れ「プロテスタント」

それまで、人々を救済する力は教会にのみあると考えられていた。第11講でふれたような7つの秘跡がその役割を果たした。ローマ教皇を頂点とするカトリック教会の聖職者は、贖罪の力を独占し、一般の信者はそれに従わざるを得なかった。

ドイツ語訳聖書

ルターは、ラテン語で記されていた聖書をドイツ語に翻訳し、誰もが読める形にした。そして、救いは教会から与えられるものではなく、それぞれの信者が聖書を読むことで、自ら獲得していくものだと説いた。しかも彼は、教会から破門されたので、立場は自由だった。カトリック教会の聖職者は妻帯が認められないわけだけれど、ルターは元修道女と結婚している。

やがてルターを支持する勢力は、教会に対して抵抗した。プロテストしたということで、「プロテスタント」と呼ばれるようになる。それまでのキリスト教では、

8　ミュンツァー（1490頃～1525）ドイツの宗教改革者で、ドイツ農民戦争の指導者。ルターらの影響を受け宗教改革に参加するが、後に急進思想に傾きルターとは対立。革命的体制の樹立を企図するも、破れて処刑される。

カトリック教会とギリシア正教会が二つの大きな流れになっていたんだけれど、そこに新しい流れが生まれたことになる。

洗礼と聖餐を重視

プロテスタントも、三位一体説のような基本的な教義はカトリック教会から受け継いだものの、教会の権威というものは否定した。7つの秘跡のうち、プロテスタントが認めるのは洗礼と聖餐（ミサ）だけだ。洗礼についても、幼児洗礼を認める宗派もあるけれど、信仰がはっきりとかたまってから受けるべきだという考え方も生まれた。聖餐で、イエス・キリストの血と肉を象徴する聖体を拝領することもなくなったんだ。

牧師≠聖職者

決定的なのは聖職者のあり方で、プロテスタントでは独身を守り続ける聖職者はいなくなった。牧師は、一般の信者と同様に俗人として生活するので、結婚し、家庭をもうける。だから、牧師に神からの赦しを与える力があるとは考えられなくなった。信仰のあり方が、カトリック教会とプロテスタントでは大きく変わったんだね。

プロテスタントのなかには、いろいろな宗派が生まれるけれど、カトリック教会のように、全体が統合されているわけではないし、ローマ教皇のような最高の権威もいない。そこでも、カトリック教会とプロテスタントは違うんだ。

神を絶対の存在として信仰することへ戻る

ただ、教会が救ってくれないということになると、どこに救いを求めればよいのかということになってくる。読めるようになった聖書に、それを求めることもできるはずなんだけど、信者としては自分が救われるのかどうかがどうしても不安になる。

予定説

そこで生まれたのが、「予定説」という考え方だ。宗教改革の動きは、ドイツから周辺の国々に伝えられるんだけれど、スイスにも伝わった。そのスイスのジュネーヴで宗教改革を行ったのが**カルヴァン**[9]だった。

教会の権威というものを認めないことは、神を絶対の存在として信仰することに戻ろうという意味もあった。カルヴァンにはとくにその傾向が強かったんだけれど、彼が書いた文章のなかには、カトリック教会の聖遺物崇敬を徹底的に批判

9　**カルヴァン**（1509〜1564）フランス生まれでスイスの宗教改革者・神学者。厳格な聖書主義に基づき神の絶対的権威を主張、予定説を唱える。『キリスト教綱領』でプロテスタント神学を大成し長老派教会の基礎を作る。

したものもあった。そんな奇跡信仰は認められないというわけだね。

そのカルヴァンが唱えたのが「予定説」だ。これは、その人間が救われているかどうかは、すでに神によって決定されているというものだ。神は絶対の力を持っているのだから、それも当然だということになる。

しかし、そうなると、自分が果たして救われると定められているのかどうか気になってくる。20世紀になって、この予定説が資本主義の形成に結びついたという説を発表したのがドイツの社会学者**マックス＝ヴェーバー**[10]だ。彼の『プロテスタンティズムの倫理と資本主義の精神』という本はよく知られているけれど、そこでヴェーバーは、「天職」という考え方を持ち出してきた。

自分に天職が備わっているかどうかが神によって救済されている証になるので、予定説を受け入れた人々は、享楽的になるのではなく、熱心に自分の仕事に打ちこんだ。しかも、稼いだ金は、楽しみのために使ってしまうのではなく、仕事を拡大するための投資に回した。ヴェーバーは、そうした姿勢を「世俗内禁欲」と呼び、修道士のような「世俗外禁欲」と対比させたんだね。

世俗内禁欲

本当にそうなのかどうか、少し眉唾物の議論であるようにも思えるけれど、たしかに、ヴェーバーが指摘しているように、資本主義が発達したのはプロテスタントの信仰が広まっている地域だ。海外との交易にしても、最初はスペイン、ポルトガルのようなカトリックの国が中心だったけれど、やがてはオランダやイギリスのようにプロテスタントの国が中心になっていく。それが、教会の権力から離れることがいかに重要だったのかを示しているのは間違いない。

中世から近世へ、戦争の時代へ

ユグノー戦争

　しかし、宗教改革によるプロテスタントの出現というのは、ヨーロッパにとって大事件で、その分、両者の間で激しい対立を生むことにもなった。

　その代表的な例が、フランスでのユグノー戦争だね。これは、1562年に起こるんだけれど、30年以上続いた。ユグノーというのはカルヴァン派のことだ。フランスではカトリック教会が強かったので、ユグノーが広がると、それを弾圧しようとする動きが起こった。そこに貴族同士の対立ということがからんできて、

10　マックス＝ヴェーバー（1864～1920）ドイツの経済学者・社会学者・思想家。ハイデルブルク大学等で教える。近代社会科学方法論の確立者であり、宗教と社会との関係を論じる。著書に『プロテスタンティズムの倫理と資本主義の精神』『経済と社会』。

72年には、パリでサンバルテルミの虐殺ということも起こった。多くのユグノーが殺害されたんだね。

とにかく、この時代のヨーロッパは、戦争がくり返されていた。カトリック教会が絶大な権力を持っていた中世という時代が終わり、近世が訪れたことで、国家のあり方も変わり、お互いに領土を確保しようとして争った。

そして、やがてはさまざまな「革命」の時代が訪れることになる。革命と宗教がどうかかわるのか、次にはそれを見ていくことにしよう。

コラム　宗教と商売

商売という行為は、人間にとって必要なもので、世界中で当たり前のように行われている。ところが、宗教のなかには、商売を否定するものもある。その代表がキリスト教だ。

何かを販売するというとき、どこかで物を仕入れてきて、それを売ることになるのだが、売値は仕入値を上回る。そうでなければ、商売にはならないのだが、同じ物が、ただ移動するだけでどうして値が上がるのか。それは不正なことではないだろうか。キリスト教には、そうした考え方があった。

逆に、イスラーム教は、開祖であるムハンマドが商人であったこともあり、商売には肯定的で、商売を否定するような考え方はまったく生まれなかった。むしろ、神と人との関係を商売にたとえたりして、信仰を持つことがいかに、人に得なのかが説かれてきた。

仏教になると、そもそも世俗のことに価値をおかないので、商売を特に否定することはない。宗教によって、商売のとらえ方はかなり違うのだ。

キリスト教の世界では、中世のスコラ哲学で、商売をいかに肯定するのか、その論議が行われた。利子を取ることをいかに許すのかも、哲学の議論の対象になったが、商売が人々にとって共通の善になるという理論が編み出されることで、許されるようになった。

禁止が議論を呼び、議論のなかから新しい考え方が生まれる。この過程があったからこそ、キリスト教社会で経済学が生まれたのだ。

第18講

新大陸と革命の時代

アメリカ大陸の「発見」

「新大陸」ということばがある。これは、大航海時代がはじまり、ヨーロッパの人間が、その立場からすれば「発見」した新しい大陸のことを意味するものだ。南北アメリカ大陸やオーストラリア大陸をさすけれど、主にアメリカ大陸が新大陸と呼ばれ、ヨーロッパの人間たちが進出していった。新大陸に対して、旧大陸の方はユーラシア大陸やアフリカ大陸をさすことになった。

大陸移動説

これは、世界史の範囲を超えてしまうことになるけれど、「大陸移動説」というものがある。1858年にフランスのアントニオ・スナイダー＝ペレグリニという地理学者が唱えたものだ。大昔にはアメリカ大陸とアフリカ大陸が一つになっていたという説だね。たしかに、この二つの大陸を重ね合わせてみると、へこんだ部分と尖った部分が合致するように見える。大陸も長い時間をかけて移動していったというわけだ。

プレートテクトニクス理論

こうした大陸移動説については、その後、批判も生まれたけれど、1960年代になると、プレートテクトニクス理論というものが生まれた。地球には何枚かの堅い岩盤があり、これがプレートになるんだけれど、その岩盤が動くことで、大陸の移動が起こったというんだ。

随分と規模が大きく、驚くような仮説だけれど、地震のメカニズムなどは、この理論によってうまく説明できるようになった。

プレートテクトニクス理論が発表されてから、それを取り入れて書かれた小説が、小松左京というSF作家が書いた『日本沈没』だ。これは、その後くり返し映画化されているよね。

現在では、プレートテクトニクス理論によって大陸の移動が説明されるんだけれど、大昔から南北アメリカ大陸をはじめとする新大陸は存在した。ただ、旧大陸の人間が新大陸の存在を知らなかっただけだ。

新大陸の存在がヨーロッパ人に知られるようになると、そこを開拓しようとする動きが生まれる。しかし、新大陸にもすでにそこに大昔から住んでいた人々がいるわけだから、ヨーロッパ人は武力で征服することになった。前の講義でふれたように、ヨーロッパ人が持ちこんだ伝染病で新大陸の人間たちが次々と亡くなるという出来事も起こった。

コロンブス交換

人が移動するということは、細菌やウイルスを持ちこむことにもつながるんだけれど、新大陸には旧大陸になかった作物があった。逆に、旧大陸から新大陸に持ちこまれた作物もあった。アメリカの歴史学者は、これを「コロンブス交換」と呼んでいる。この交換には伝染病も含まれるんだけれど、作物の交換はとても重要だ。

とくに新大陸からトウモロコシやジャガイモ、タバコが旧大陸にもたらされたことは大きい。トウモロコシやジャガイモは、今では主要な作物になっているので、それがなかった時代のことを想像するのが難しい。現在では禁煙の文化が広がっているけれど、ヨーロッパで喫煙が行われるようになるのは15世紀の終わりになってからだ。日本にも、ポルトガル人によって鉄砲とともにタバコが持ちこまれ、江戸時代には大流行するようになる。

キリスト教の新大陸への布教と奴隷貿易

信仰の破壊・侵略

普通、コロンブス交換のなかには含まれないけれど、旧大陸から新大陸に持ちこまれた重要なものがキリスト教だ。

新大陸に進出したポルトガル人やスペイン人は、キリスト教の信仰を知らない現地の人間を野蛮とみなし、彼らにキリスト教を伝えようとした。それが神から与えられた自分たちの使命だと考えたんだね。けれども、新大陸の人間からすれば、自分たちのそれまでの信仰が破壊されるわけだから、決して歓迎すべきことではない。しかも、ヨーロッパ人は武力を用いたから、それは侵略にほかならなかった。

そうした侵略の実態について報告したのが、**ラス＝カサス**[1]というスペイン人の聖職者だ。その報告は『インディアスの破壊についての簡潔な報告』というものだけれど、ヨーロッパではベストセラーになった。そのなかに、アトゥエイという首長が、善良なキリスト教徒は天国に行くと聞いて、「天国などには行きたくない。いっそのこと地獄に落ちたい。キリスト教徒がいるようなところへ行きたくないし、二度とあんな残酷な連中の顔を見たくもない」と答えた話が出てくる。

労働力としての黒人奴隷

ヨーロッパ人の残虐さを示すものとしては、「奴隷貿易」があげられる。これは、西インド諸島やアメリカ大陸で、プランテーションと呼ばれる大規模な農園を開拓して、そこでサトウキビやタバコ、綿花などを栽培するものだけれど、その労働力としてアフリカ大陸から膨大な数の黒人が奴隷として連れてこられた。

奴隷というのは古代からどの地域にも見られるものだけれど、1000万人以上が無理やり住む場所を移動させられ、過酷な労働を強いられた例はそれまでなかった。これによって、新太陸にはずっとそこに住み続けてきた現地の人間とともに、ヨーロッパから来た白人、そして奴隷として連れてこられた黒人が生活するようになった。人種の構成さえも、大きく変わってしまったわけだ。

イギリス西部の港町ブリストルには、慈善家であるエドワード＝コルストンという人物の像が建っている。町の英雄というわけだ。ところが、コルストンが財をなし、慈善事業ができたのは奴隷貿易に従事したからで、最近では、奴隷貿易への反省から、この像を倒すべきだという主張も生まれた。そして、2020年にアメリカで黒人男性を警官が殺害した事件をきっかけに、像は引きずり下ろされ、海に投げ捨てられてしまったんだ。

近代民主主義政治の基本原理としての独立宣言

アメリカ合衆国の成立

北アメリカ大陸には、イギリス人が13の植民地を作った。その植民地はすべて東海岸に集中していたけれど、次第に西部への開拓が進められていくことになる。開拓が進んだもっとも西の地域が「フロンティア」と呼ばれるようになるけれど、当然それは先住民を強制的に移住させることに結びついた。

やがて北アメリカには、イギリスから独立する形でアメリカ合衆国が成立する。それは、1776年の独立宣言からはじまり、独立戦争を経て実現されたものだ。独立宣言では、**ジョン・ロック**[2]の自然法思想にもとづいて、自由・平等・幸福の

1　**ラス＝カサス**（1474／84～1566）スペイン人宣教師で歴史家。キューバ、メキシコ等で先住民に伝道。インディオ保護運動にも尽力。『インディアスの破壊についての簡潔な報告』はインディオ虐待・征服を記した書として有名。

追求が人間の天賦の権利として主張された。この宣言は、近代の民主主義政治の基本原理として高く評価はされるんだけれど、そこには南部のプランテーションで奴隷として働いていた黒人のことは含まれていなかった。

信仰の自由を求めての移住

最初、イギリスから北アメリカに移住してきた人々のなかには、「ピューリタン（清教徒）」が多かった。イギリスでも宗教改革が起こり、カトリック教会から独立したイギリス国教会が生まれる。ただ、イギリス国教会は、司教の制度を残し、儀礼の面でもカトリック教会に近いものを採用したので、それをカルヴァン派が不徹底だと批判した。そうしたカルヴァン派がピューリタンと呼ばれるようになるけれど、信仰の自由を求めて新大陸へ移住していったわけだ。

最初のピューリタンの移住者は「ピルグリム＝ファーザーズ」と呼ばれる。ピルグリムというのは巡礼者の意味だ。これは、第13講で十字軍が最初巡礼と呼ばれたことを思い起こさせるね。巡礼は聖地をめざすわけで、当時のアメリカ大陸は、古代のユダヤ人がめざした「約束の地」と見なされたことになる。

１８４０年代になると、西部の開拓は神が予定した天命であるという「明白な天命」説まで唱えられるようになる。本当にそれが天命なのかどうか、確かめようもないんだけれど、独立したアメリカが領土を広げ、先住民を圧迫していくことの正当化がはかられたことになる。こうした考え方はアメリカ人の意識のなかに残り、今でも決して消えてはいないように見えるね。

信仰復興運動から生まれた福音派

公民権運動

奴隷ということにかんしても、南北戦争を経て、奴隷制は廃止されることになるけれど、それで差別がなくなったわけじゃない。だから、1950年代に「公民権運動」が起こるし、現在でも、警官による黒人の殺害に見られるように黒人差別という問題は根本的には解決されていない。

ただ、黒人の間にも奴隷であった時代からキリスト教の信仰が浸透し、そこには黒人ならではの独自の信仰世界も形作られていった。「ゴスペル」音楽は黒人霊歌から発するもので、それは現代の音楽にも多大な影響を与えている。ロックが生まれたのもそうだし、ヒップ・ポップだって、黒人の音楽文化の産物の一つだ。

2　**ジョン・ロック**（1632〜1704）英国の哲学者・政治思想家。英古典経済論の創始者。「人間知性論」は近代認識論の基礎をなす。「統治二論」で人間の自然権・革命権・社会契約説に基づき名誉革命を擁護。民主主義発展に貢献。

大覚醒

　一方で、白人の社会では、「信仰復興運動（リバイバル）」というものが起こる。これは、18世紀のはじめに起こり、「大覚醒」とも呼ばれるんだけれど、キリスト教の信仰が十分には行き渡っていない西部で野外にテントをはり、そこで大規模な集会を開くものだった。布教師が熱心に信仰を説くことで、キリスト教の信仰を覚醒させるから、大覚醒と呼ばれた。

宗教の現代政治への影響

　これは、かなりの熱狂をもたらしたんだけれど、そこから生まれたのが「福音派（福音主義）」だ。福音派は、聖書に書かれていることを文字通りに信じるということを特徴にしていて、進化論を否定し、人工妊娠中絶を禁止するように訴えてきた。最近の共和党の大統領やその候補は、この福音派に支持されている。だから、現代の政治にも福音派は大きな影響を与えていることになる。

フランス革命と「人権宣言」の採択

　ヨーロッパということに話を戻してみると、海外との交易によって商業活動が活発になり、社会に豊かさがもたらされた。そうなると、芸術や科学が発展することになり、宮廷文化が栄え、合理主義の考えにもとづく科学革命や産業革命が起こる。

それは、キリスト教会の力を失わせることにつながっていくんだけれど、それに関連する決定的な出来事としては「フランス革命」の勃発ということがあげられる。革命の過程はかなり複雑だけれど、この革命によって王権が打倒され、国王のルイ16世や妃のマリー＝アントワネットが処刑された。

特権階級の否定

その過程で、それまでは第一身分の聖職者や第二身分の貴族の下におかれていた第三身分の平民が、自分たちの議会を「国民議会」と称し、国民の代表者であることを宣言したんだけれど、その国民議会が採択したのが「人権宣言」だった。

その第1条には、「人間は自由かつ権利において平等なものとしてうまれ、また、存在する」とある。キリスト教会は、人間は神によって創造されたとしてきたわけで、ここでは神のことにはいっさいふれられていない。そして、自由で平等なものとして生まれたとされているわけだから、これは聖職者や貴族などの特権階級を否定したことになる。

だから、国民議会は、教会の財産を没収して国有化してしまう。ただ、そこで祭式を行う費用や、聖職者の給与は国が負担するようになった。教会を国の管理のもとにおこうというわけだ。

理性の祭典

2019年にパリのノートルダム大聖堂で火災が発生し、尖塔などが焼失する出来事が起こるけれど、この大聖堂はフランスの国家が所有している。フランス革命のときには、「理性の神殿」と改称され、そこでは理性の祭典というものが開かれた。キリスト教にはよらない合理主義の祭典というわけだ。

そうした試みは長くは続かなかったけれど、革命を経てカトリック教会の力が弱まったことは事実だ。これは教科書では取り上げられないけれど、こうした動きは20世紀はじめになると「政教分離法」を制定することにつながった。政治と宗教、国家と教会を分けようというわけだ。

宗教と世俗の権力との間の衝突

ライシテ

それ以降のフランスは、厳格な政教分離を行い、それは「ライシテ」と呼ばれる。最近のフランスでは、イスラーム教圏からの移民が増えている。労働力が不足しているからだ。フランスの旧植民地は、北アフリカなどだけれど、そこはイスラーム教が広がった地域になる。

そうなると、これは1979年にイランで起こった「イスラーム革命」の影響でもあるけれど、イスラーム教徒の女性は「ヒジャブ」と呼ばれるスカーフを身にまとうようになった。

ところが、フランス政府は、ライシテの原則に従って、公共の空間、たとえば学校などで、スカーフを被ることを禁じるようになった。スカーフは、イスラーム教の信仰を誇示するもので、ライシテに反しているというわけだ。公共の空間で禁止される対象には、大きな十字架やユダヤ教徒がかぶる「キッパ」と呼ばれる帽子なども含まれるんだけれど、最初に問題になったのは、学校でのヒジャブの着用だから、イスラーム教徒をもっぱら対象としたものだとして、反発も大きかった。

イスラーム法との対立

イスラーム教では、第10講でも話をしたように、イスラーム法が重要で、それは宗教の世界だけではなく、日常の暮らしを規定したり、規制するものだ。だから、政治と宗教を分けようとする発想ではまるでない。そうなると、ライシテとイスラーム教とはどうしても対立することになってしまう。

これは、フランスだけの問題ではないね。オスマン帝国が滅びた後にトルコ共和国が成立するけれど、それは世俗の国家だ。そして、フランスの影響で、「ライクリッキ」という政教分離の原則を確立する。それが最近変化しつつあること

宗教権力の排除

についていは、第16講でふれたね。

宗教同士の対立というのは古代からあるわけで、十字軍や宗教改革以降のカトリック教会とプロテスタントとの対立などがその代表になるけれど、近代になってくると、宗教と世俗の権力との間の衝突という新しい問題が浮上する。近代国家を打ち立てるには、宗教の権力を排除しなければならないわけで、どうしてもそうしたことが起こってくる。

その後、フランスでは、ナポレオン1世があらわれて帝政がしかれたり、王政に戻ったりということが起こり、政治体制がころころと入れ替わっていった。なかなか安定しなかったけれど、最後は共和制に落ち着く。

それは、宗教の力を削ぐことに結びつくんだけれど、次の講義では、世界各国で近代化が進められるなか、宗教はどのようになっていったのかを考えることにしよう。

コラム

宗教と宇宙

宇宙はビックバンから生まれた。これが、現代の科学の考え方だ。大爆発が起こり、そこで生まれた火の玉が膨張し、冷却されていくなかで恒星や銀河などが生まれたというのだ。

ただ、ビッグバンの考え方が定着するまで、科学の世界でも、「定常宇宙論」ということも唱えられていた。これは、宇宙にははじまりも終わりもないという考え方だ。現在では、定常宇宙論はほとんど支持されなくなってきた。

しかし、どうやって大爆発が起こったのか。誰がそれを引き起こしたのか。そうした疑問も湧いてくる。そうなると、大爆発は神がもたらしたものではないか。そういう考えが生まれても不思議ではない。

それぞれの宗教には、この世界がどのようにして生まれたのか、それを説明する神話が存在している。キリスト教の旧約聖書では、冒頭におかれた「創世記」で、神によって天地創造が行われたことが記されている。日本の神話になると、世界そのものが創造される過程については記されていないが、国土や神々が誕生していく経緯が語られている。

あるいは、仏教やヒンドゥー教では、世界の中心には須弥山という巨大な山が聳えているとされ、宇宙がどういう構造をしているかが説かれている。仏教は特に、そうした宇宙の構造については詳しく探求しており、古代における科学的な探求の原型になるものであるとも言えるのだ。

第19講

近代の世界と宗教

神への信仰が弱体化するなかで宗教が果たす役割とは

教科書でも取り上げられているけれど、19世紀ドイツ・プロイセンの哲学者に**ニーチェ**[1]という人物がいた。

主著とされているのが『ツァラトゥストラはかく語りき』という書物だけれど、ツァラトゥストラというのは、第4講でもふれたようにゾロアスター教の創始者のことだ。ニーチェは、その本のなかでゾロアスター教の教えについてふれているわけじゃない。ただ、ゾロアスターに触発された部分があったことは確かだろうね。

「神は死んだ」

ニーチェが重要なのは、「神は死んだ」と宣言したことだ。それは、『悦ばしき知識』という1882年に刊行された本のなかでのことだった。

古代から中世、さらには近世にいたるキリスト教の世界では、神は唯一絶対の創造神として信仰され、人々を救済する存在と見なされていた。それは、他の宗教でも同じで、神の存在が社会的に大きな影響力を持っていたわけだ。

世界を支える基盤の喪失

ところが、ニーチェは、その神が死んだと宣告した。ニーチェは人間だから、神の死を宣言できるような立場にあったわけじゃない。しかし、そうしたことばが近代の哲学者によって発せられたことの意味は大きい。本来なら永遠の存在であるはずの神が死ぬということは、この世を生み出し、また支えている基盤が決定的に失われることを意味する。

もちろん、ニーチェがそんな宣言をしたからといって、信仰を続けてきた人間

1　ニーチェ　☞57頁の注**1**参照。

たちが、「そうか、神は死んだのか」と納得したわけじゃないし、それで皆が信仰を捨ててしまったわけでもない。

けれども、歴史を重ねてきた人類は科学を発達させ、さまざまな技術を開発してきた。前の講義で見たように、近代に入るとさまざまな革命が起こり、世界は大きく変わった。世界は神によって創造されたものであるはずなのに、人類にも、それを変えていく力が身についたことになる。それは必然的に神への信仰を弱体化させることに結びついた。

神は存在するのか?

果たして神は必要なのだろうか。そもそも神は存在しているのだろうか。

そうした根本的な疑問が湧いてくるようになったわけだ。

そうなると、19世紀から20世紀にかけて、世界史のなかで宗教が果たす役割というものも、それまでの時代に比べるとかなり小さなものになっていく。だから、教科書を見ても、宗教のこと、あるいは教会などの宗教勢力にふれられることは少なくなっていく。世界史の動きに宗教がかかわらなくなったわけだ。

もちろん、それでも依然として多くの人々が宗教を信仰し続けた。そして、それがときには現実の社会に大きな影響を与えることもある。アメリカの福音派のことやイランのイスラーム革命のことについては前の講義でふれたけれど、現在でも宗教が力を持っていることが明確になる場面はさまざまな形で訪れる。
とくにイスラーム教の場合には、そこでもふれたように、むしろ近代になって、さらには現代になって復興をとげているという面はあるね。

キリスト教文明に遅れをとったイスラーム教文明

ワッハーブ王国

そのきっかけをつくった一つの出来事が、アラビア半島でのワッハーブ王国の誕生だね。イブン＝タイミーヤのことについては第14講でふれたけれど、その思想の影響を受けたのが**イブン＝アブドゥル＝ワッハーブ**[2]という人物だ。イブン＝タイミーヤは、あくまで「コーラン」と「ハディース」にもとづくイスラーム法が行き渡った社会を実現し、純粋な信仰に立ち帰るべきだということを主張した。

異なる道を歩んだ二つの宗教

ワッハーブも、それに共感し、豪族のサウード家と組んでワッハーブ王国を樹立する。ワッハーブ王国はやがてサウジアラビアの建国に結びついていく。

2　**イブン＝アブドゥル＝ワッハーブ**（1703〜1792）アラビア半島の宗教改革者。イブン＝タイミーヤの理念を継承する思想を確立。初期の純粋なイスラームへの回帰を唱える。ワッハーブ派の祖であり、後のサウジアラビア建国につながっていく。

かつてのイスラーム教は、キリスト教社会に比べて高度な文明を誇っていた。ところが、十字軍に攻め込まれたり、モンゴル帝国に征服されることで、次第に力を失っていった。13世紀の終わりにオスマン帝国が誕生し、それはイスラーム教の帝国になったわけだけれど、そのなかでヨーロッパの産業革命に匹敵するような出来事は起こらなかった。

そこには、キリスト教とイスラーム教との違いが影響していたかもしれない。キリスト教が広がったヨーロッパの社会では、カトリック教会が大きな力を持っていたため、世俗の権力、あるいは科学者や思想家はそれに対抗しなければならなかった。

神によって禁じられた利子をいかに合法化するかというスコラ哲学の試みからやがて経済学が生み出されていったことについては、第13講でもふれた。イスラーム教の世界でも、やはり利子は禁じられたので、いかに利子を課さずに金融活動を行うのか、そのための方法の開拓は進められた。けれども、イスラーム教では、哲学のなかで利子を合法化する理論を作り上げていくような試みはほとんどなされなかった。そこが、その後のキリスト教とイスラーム教の違いを生むことになったんだ。

そして、さまざまな革命を経たヨーロッパは、「帝国主義」の時代に入り、植民地を広げていった。そのなかには、イスラーム教が広がった地域も含まれていたので、イスラーム教文明はキリスト教文明に遅れをとるようになる。

石炭から石油へ、中東諸国の発言力が高まる

二大聖地を抱えた国

しかし、イスラーム教の純粋な信仰に戻ることを主張する思想のなかから、サウジアラビアのような国家が生まれたことの影響は大きい。なにしろサウジアラビアは、メッカとメディナというイスラーム教の二大聖地を抱えているからね。世界からの巡礼者は、大挙して巡礼のためサウジアラビアを訪れるわけで、ワッハーブ派の思想も各国に広がっていくことになった。

油田の発見

そこで一つ思わぬことが起こる。それは、第二次世界大戦後のことになるけれど、サウジアラビアを含めた中東で次々と油田が発見されていったことだ。産業革命を生んだのは石炭で、それがエネルギー革命にもなったわけだけれど、多くの油田が発見されたことでエネルギーの主役の座は石炭から石油に移行した。石油はプラスチックをはじめ、さまざまなものに精製加工されるから、世界中の人々

の生活を大きく変えていった。

そうなると、石油を産出する国の力というものも高まっていく。第二次世界大戦後には、帝国主義の時代が終わり、植民地が次々に独立を果たしていったから、中東の石油産出国も、ヨーロッパやアメリカの支配から脱し、発言力を高めていった。

2度の石油危機

その結果起こったのが2度にわたる「石油危機」だ。日本では、1973年に起こった「オイル・ショック」と呼ばれる出来事が第1次の石油危機を意味する。中東の産油国は、その際に石油価格を大幅に引き上げた。

それまで石油価格は低く抑えられていた。だから、石油を使った産業が大きく伸びていったわけだ。ところが、石油の価格が上昇すれば、コストがかかるようになり、経済は減速する。第二次世界大戦後には、日本の「高度経済成長」のように、先進国ではどこでも相当な勢いで経済発展が起こったけれど、石油危機はそれにストップをかけた。その影響ははかりしれないほど大きなものだった。

ロシア革命／社会主義政権の誕生

二月革命

　それ以前の20世紀の重要な出来事としては、ロシア革命によって社会主義の政権が誕生したことがあげられる。それまでロシアを支配していたのはロマノフ王朝で帝政がしかれていたけれど、労働者の自治組織であるソヴィエトが結成され、革命をなしとげた。それが「二月革命」だ。

マルクス主義

　この革命の背景にあったのが、「マルクス主義」だ。マルクス主義は、ドイツの哲学者**マルクス**[3]の思想のことだけれど、マルクスは、友人の**エンゲルス**[4]とともに、資本主義の社会が限界に達し、社会的な矛盾が拡大しているとし、資本主義の体制は没落の運命にあるという経済思想を展開した。資本主義崩壊の先には、

3　**カール・マルクス**（1818〜1883）ドイツの経済学者・哲学者・共産主義的思想家。科学的社会主義の創始者。ヘーゲル左派として出発するが、『ドイツ・イデオロギー』で批判に転じる。主著『資本論』は後世に多大な影響を及ぼす。

4　**フリードリヒ・エンゲルス**（1820〜1895）ドイツの思想家・革命家。マルクスと科学的社会主義、史的唯物論を創始。マルクスとともに『共産党宣言』を執筆。マルクス理論の普及者として知られる。著書に『フォイエルバッハ論』。

社会主義が実現されるというんだ。

こうした社会主義の考え方は、マルクス以前にもさまざまな形で唱えられていたけれど、マルクスは、資本主義体制崩壊の後に、資本家にかわって労働者中心の政権が樹立されることを予言した。そうした思想を打ち出したのが1848年に発表された『共産党宣言』だね。この本は、「一匹の妖怪がヨーロッパを歩きまわっている——共産主義の妖怪が」という衝撃的なことばからはじまっていた。

万国の労働者、団結せよ

結びは、「万国の労働者、団結せよ」ということばで終わっていたんだけれど、これはその後、社会主義運動のスローガンになっていく。国という枠を超えて、世界の労働者が団結することをめざしたところが特徴的だった。

ただし、マルクスとエンゲルスは、資本主義体制の崩壊が必然的なものであることを論証していったものの、社会主義の社会が具体的にどういうものであるのか、どういう原理によって成り立つのかについては、必ずしも明確な指針を示したわけじゃなかった。

それは、ロシアでの革命以降の社会主義のあり方に悪い影響を与えたと言えるかもしれないね。しかも、資本主義が発展していたのは、『共産党宣言』が発表されたロンドンのあるイギリスや西ヨーロッパだ。資本主義の崩壊が必然であるなら、そうした地域でこそ真っ先に革命が起こるはずだ。
　ところが、実際に革命が起こったのは、資本主義が十分に発達しているとは言えないロシアにおいてだった。ロシアで革命が起こったときには、すでにマルクスは亡くなっていた。もし生きていたら、そうした事態をどのように考えただろうか、興味深いところだね。

宗教に対する政治的抑圧（ロシア・中国の場合）

終末論の影響

　宗教との関係ということでは、マルクスの考え方はキリスト教の終末論に似ている。世界に腐敗が広がり、そこで最後の審判が起こり、イエス・キリストが再臨して新しい世界がはじまるという道筋は、社会主義の到来と同じだ。マルクスはユダヤ人だし、宗教については批判的だったけれど、やはり終末論の影響は受けていたのではないだろうか。

「宗教は阿片」

　マルクスの宗教に対する考え方を示したものとして有名なのは、宗教を阿片にたとえたことだね。阿片は麻薬だ。民衆は資本家によって支配され、苦しい生活を送っている。そうしたなかでは、現世での生活に期待をかけるのではなく、よりよい来世に生まれ変わることに望みをつながざるを得ない。宗教は資本主義社会の支配の構造を隠蔽する役割を果たしているというのが、マルクスの考え方だ。

だから、社会主義体制のもとでは、宗教は抑圧されることになる。ロシアでは、ギリシア正教会が広がっていたわけだけれど、ソヴィエトの時代には宗教の活動が制限されたり、聖職者が逮捕され、処刑されるようなこともあった。社会主義の政権は東ヨーロッパに広がり、さらに第二次世界大戦の後には、中国や朝鮮半島、ベトナムにも広がっていくけれど、宗教に対する姿勢はロシアと同じだ。かなり抑圧されることになった。

チベット仏教

戦後に成立した中華人民共和国はチベットを支配下におくようになったけれど、それまでのチベットでは、チベット仏教のトップに立つダライ＝ラマが宗教的な指導者であるとともに政治的な指導者でもあった。そのため、チベットに中国が侵攻し、動乱が起こると、ダライ＝ラマ14世はインドに亡命せざるを得なくなる。あるいは、中国の場合には、新疆ウイグル自治区のイスラーム教徒を抑圧しているのではないかという疑いをずっと向けられてきている。

正教会の復活

しかし、政治的な抑圧があったとしても、それで皆が信仰を捨て去り、宗教が消滅してしまうというわけじゃない。ベルリンの壁が崩壊し、冷戦構造が崩れて、ソヴィエトが崩壊すると、ロシアでは正教会が復活し、今では国教に等しい扱いを受けている。

中国でも、キリスト教やイスラーム教、仏教といった主要な宗教は国家の管理下におかれていて、それ以外の宗教は自由に布教活動ができないんだけれど、市場経済を取り入れ、飛躍的な経済発展が実現されると、キリスト教の福音派が勢力を拡大するようになった。

中国における福音派

中国など、経済が発展している国に広がった福音派は、アメリカの福音派とは性格が違って、奇跡信仰を説き、現世利益の実現を約束するところに特徴があるんだけれど、国家によって認められていないので、ひそかに布教活動を行っている。それでも、キリスト教は広がっていて、今では中国人の5パーセントから10パーセントがキリスト教徒だと言われているんだね。

信仰をめぐる急激な変動

経済が発展するとキリスト教の福音派が伸びるというのは、すでにその前に韓国で起こったことで、現在では30パーセント程度がキリスト教徒だと言われている。日本のキリスト教徒の割合が人口の1〜2パーセント程度だから、中国や韓国の割合は相当に高いということになる。

これはあまり注目されてはいないんだけれど、南アメリカや中央アメリカでも同じことが起こっている。南アメリカと中央アメリカは、進出してきたポルトガルやスペインの影響でカトリックの信仰が広がっている。

福音派への改宗

ところが、最近では、カトリックから福音派に改宗する動きが相当な規模で起こっている。そこには経済発展による都市化の影響が考えられるね。地方の農村部では共同体のつながりが強く、カトリックの信仰が根づいているけれど、都市に出てきた人たちは、そのネットワークから切り離され、福音派に改宗することで新しいネットワークを求めようとするわけだ。

世界のそれぞれの地域でどういった宗教が信仰されているのか。それが現代では、急激な変動をこうむろうとしていることになる。

世俗化／教会離れ

そして、先進国では、日本もそうだけれど、急激な「世俗化」が進行している。世俗化というのは、宗教の力が衰え、社会的な影響力を失うことを意味している。そこには、科学や技術の進歩ということが影響していて、とくに医学の発達は大きい。昔は、宗教が病気直しの役割を担っていたけれど、今では医学に頼るのが当たり前になった。宗教が地域のつながりを維持する役割を果たさなくなったことも大きいね。

アメリカ合衆国などは、今でもキリスト教の信仰が根強いけれど、それでも徐々に教会離れが進んでいる。先進国とそれ以外の国とのあいだで、宗教については異なる傾向が生まれているとも言えるね。先進国では宗教離れが進んでいるけれど、それ以外の国では、かえって宗教が求められていたりする。

今後どういう方向に進むかが注目されるけれど、そういったことは世界史の範囲からは逸脱しているかもしれない。

最後に、全体をまとめて世界史と宗教との関係について考えてみよう。

第20講

宗教は世界史とどうかかわるのか

帝国の拡大と衰退、滅亡、そして宗教は…

ここまで世界史のなかでの宗教について講義をしてきたわけだけれど、人類の歩んできた歴史のなかで宗教がいかに重要かということは分かってきたはずだ。日本人は自分たちのことを「無宗教」だと考える傾向が強いので、宗教が歴史に大きな影響を与えてきたことの認識が乏しいんだけれど、宗教の役割はとても重要だ。

世界宗教

とくに世界宗教の登場によって、宗教が果たす役割はより大きなものになった。キリスト教やイスラーム教、そして仏教はさまざまな形で歴史を変えてきた。

その際に、一つ重要なことは、「帝国」の存在だ。世界の歴史のなかで無数の帝国が生まれ、領土を拡大していった。その領土の拡大ということと宗教の広がりということは深く関係している。

それはローマ帝国とキリスト教の関係を考えてみれば分かることだし、イスラーム教はイスラーム帝国の拡大とともに信仰を広げていった。

無数の帝国の興亡の歴史

ただ、帝国というものはあまりに大きく広がっていくと、全体の統制がとれなくなる。しかも、支配する側に腐敗といった事態も起こり、衰退の局面を迎える。世界史は、こうした無数の帝国の興亡によって成り立っているとも言えるわけだ。

では、帝国が衰退し、滅亡すると、宗教の方はどうなるのだろうか。そのまま一緒に衰退してしまうのだろうか。

そんなことはないよね。ローマ帝国は、やがて東西に分裂し、最終的にはどちらも滅んでいくことになるけれど、キリスト教の信仰はそれでなくなったりはしなかった。むしろ、しっかりと広がった地域に根づいていった。

イスラーム教の場合にも、さまざまなイスラーム帝国が生まれ、興亡がくり返されていったけれど、いったんそれぞれの地域に信仰が根づくと、そのまま消え去ることはなかった。

逆に、モンゴル帝国が勢力を拡大してきたときには、モンゴルの側がイスラーム教に改宗するようになった。そして、モンゴル帝国の領土のなかにイスラーム教が広がっていったわけだ。

モンゴル帝国とイスラーム教

つまり、帝国は、本能とも見える形で領土を拡大していくものだが、同時に宗教を各地に広げる役割を果たしてきたことになるんだね。帝国は滅びても宗教は滅びない。両者の関係にはとても興味深いところがある。宗教は自分の勢力を広げるために帝国を利用した。そのように言っても、あるいは間違ってはいないかもしれない。

秩序の維持／秩序への挑戦——宗教の役割

各地に広がった宗教は、それぞれの地域でさまざまな役割を果たすことになる。

僕が勉強してきた宗教学の世界では、宗教は社会体制を維持する役割を果たす一方で、既存の秩序に挑戦する役割を果たしてきたと指摘されている。

　これまで見てきたところからすれば、それは納得できる話ではないだろうか。ローマ帝国がキリスト教を国教として採用したのも、帝国の秩序を維持するためだ。中国で王朝の交代が起こったときには、宗教勢力の反乱がそのきっかけになっていたりした。こちらは、挑戦の機能が発揮された実例になるわけだ。

　帝国や国家の体制を維持したり、逆に崩壊させたりするわけだから、宗教の役割は相当に重要だということになる。モンゴル帝国だって、広大な版図を維持するためにはイスラーム教に改宗した方が得策だと判断したわけだ。

　世界史において宗教は極めて重要なものだ。だからこそ、東大の世界史の入試でも、宗教にかかわる問題が多く出題されるし、問題文のなかで宗教の重要性が強調されたりするわけだ。

　世界史を学ぶ上で、宗教についての知識は不可欠だ。東大を受験しようとするなら、そのことを頭に入れておく必要がある。

宗教を理解するための視点

　その際には、たんに個々の出来事についての知識を蓄えておくだけではなくて、宗教を理解していくための視点を確立しておかなければならない。

　世界宗教がどういうものなのかを理解することも、その一つになるけれど、それぞれの宗教の違いということについても、それには注目しなければならないね。

教会とモスク

キリスト教とイスラーム教とはどう違うのか。どちらも一神教で、ユダヤ教の影響をともに受けている。だから共通した部分はあるけれど、根本的な違いもある。キリスト教では原罪が根本にあり、それからの救済を教会が担ってきたけれど、イスラーム教には原罪の観念はないし、教会のような制度は生まれなかった。モスクはあくまで礼拝のための施設だ。

一神教と多神教

さらには、一神教と多神教との違いということも重要だ。多神教の場合、信仰の対象となる神が多いということも特徴になるけれど、それ以上に、全体の統合や統一が進んでいないことの方が重要だろうね。それは社会体制との関係にも影響する。

宗教とはいかなるものなのか。世界史における宗教について学んでいくなかで、自分なりにそれに対するある程度の答えを持っておく必要はあるだろうね。宗教を全面的に肯定するわけでもなければ、否定するわけでもない。それが、客観性や中立性を重視する宗教学の立場だ。

複数の当事者

それは、宗教について見ていく場合に限られない。何か世界史で出来事が起こるときには、そこに複数の当事者が関係してくる。分かりやすいのは戦争の例だ。

戦争が起こるのは、二つの勢力が争ったときだけれど、それぞれの側には自分たちなりの理屈があり、戦争を行う理由がある。一方的に侵略が行われることもあって、そこがまた複雑なんだけれど、どちらか一方の立場にたってしまうと、全体が見えなくなってしまう危険がある。

できるだけ公平に見ていく。それは、世界史をより深く理解するために必要なことだし、実際の社会生活を送る上で身につけておきたい姿勢でもある。世界史を学ぶのも、そして宗教について学ぶのも、物事を公平に見ていく姿勢を養っていくことに結びついていくからなんだ。

受験勉強と、大学の授業

入試というのは点数で争うわけで、一点の違いで合格と不合格が決まってしまうこともある。その点では、少しでも多くの得点をとることが必要なんだけれど、入試ほど、皆が必死になってする勉強もない。

何より受験勉強するときには若いということが重要だ。若いから身につくことが多いし、集中力もある。僕らのように年をとっていくと、成長するということがなくなってくるわけだけれど、受験生なら日々成長していくことができる。だから、受験勉強はその後に重要な意味を持ってくることにもなるんだ。

僕の場合にも、英語の力というものは受験勉強で養われたように思う。大学でも英語の授業があったけれど、それが役立ったとはあまり思えない。受験のために英語を学ぶことで、その力がつき、その後に役立ったんじゃないんだろうか。

入試に合格できるということは、その大学で勉強する能力が身についているということの証でもある。逆に不合格になってしまうのは、まだその能力が身についていないということになる。

大学に入ると、さまざまな科目を勉強することになるわけだけれど、高校までとの違いは、選択の幅がとても広くなるということだ。語学のようにクラスが定められているものもあるけれど、たくさんある授業科目のなかから自分で選択して勉強することになる。

大学の授業にも面白いものもあれば、つまらないものもある。僕なんて、つまらない授業は出席しなかった。それでもテストを受けたわけだけれど、当然成績は悪くなる。レポートを提出すれば済む場合も多いしね。今ほど、出席がやかましく言われることもなかった。

面白い授業もいろいろとあった。東大だと、けっこう変わっている先生もいる。僕は、一年生のときに哲学の科目を履修したんだけれど、その先生は、授業時間の開始をつげるベルがなると、とたんに教室に入ってきて授業をはじめ、時間一杯話をして、またベルが鳴ると教室から去っていった。授業することが楽しくて仕方がないという、そんな感じだったね。授業はギリシア哲学が中心で、ギリシア語もぽんぽん飛び出してきたけれど、この授業は全部出席した。

他にも、日本とアメリカの育児書を読むというゼミもあった。それを担当したのは行政学の先生だったんだけれど、育児書の違いによって子どもの育て方がどのように違うのかを比較研究するものだった。そうした育て方は「社会化」と呼ばれる。アメリカの育児書の方は英語だったけれど、何しろ育児のための本だから書かれていることはとても易しかった。行政学の先生がそんなゼミを開いたのも、自分でも社会化の違いについて勉強したかったからだろうね。

アメリカの育児書では、夜寝るとき、早い段階から子どもを親から離し、子ども部屋で一人で寝かせるようにと説かれていた。もちろん、子どもは寂しくて泣いたりするけれど、それでも親と一緒には寝かせてはならないというんだ。川の字で寝ることが多い日本とは大きな違いだ。そこから、アメリカ人と日本人の国民性の違いが生まれてくるんだね。
こうした授業やゼミから受けた刺激というのはとても大きなものだった。

僕の先生の思い出

さらにこれは二年になってからのことだけれど、その後の僕の人生を変えるような授業にも出会った。それが「宗教史」という授業だ。

僕の宗教学の先生は、**柳川啓一**[1]という人だった。その宗教史の授業を担当したときにはまだ40代で、本郷の宗教学科の助教授だったはずだ。今、助教授は准教授と呼ばれるのが一般的だね。

僕が東大にいた頃には、授業がはじまる時期が遅かった。正式にはもっと早くからはじまっていたのかもしれないけれど、宗教史の最初の授業はゴールデンウィーク明けだった。

しかも先生は、教室に入ってきて教壇にすわると、まずタバコを一服吸うのを習慣にしていた。社会全体がそうだけれど、どこでも喫煙ができたんだね。

その最初の授業のとき、タバコを吸い終えた柳川先生は、黒板にまず、「initiation」

ということばを書いて、この授業はこれをテーマに半年行うと告げたんだ。

割りに広い教室で、授業をとっている学生も多かったけれど、まったく自分たちが知らないことばが出てきて、皆、びっくりしていた。それは僕も同じだ。授業のテーマなのだから、initiation は重要なことばのはずだ。なのに、僕ら学生はその意味が分からなかったんだね。

通過儀礼

東大生は、自分たちは何でも知っているくらいに思っているから、その分衝撃が大きかった。先生は、それが何を意味するのか、initiation は「通過儀礼」とも言うと解説してくれたんだけれど、驚いたのは、あらゆる現象が、この通過儀礼という観点から分析できることだった。個人の体験もそうだけれど、国家や集団にも通過儀礼がある。

それは新鮮なものの見方で、毎回の授業が楽しみだった。僕は、高校の時代から授業のノートなんかとらなかったんだけれど、さすがにこの授業はノートをとった。今でもそれはなくしてはいない。

1　柳川啓一（1926～1990）日本の宗教学者。東京大学教授、日本宗教学会会長などを務める。著書に『宗教理論と宗教史』『祭と儀礼の宗教学』『宗教学とは何か』『現代日本人の宗教』。共編に『現代宗教学』（全4巻）。

この宗教史の授業を受けなければ、僕は宗教学科に進学しなかったかもしれない。では、宗教学科でなければどこに進学したのかと考えると、ほかには浮かんでこないんだけれどね。

そして、大学院に進学し、宗教学の研究者になった。今でも、宗教にかんする本を書き続けている。その点では、宗教史の授業が僕の人生を決めたことにもなる。

通過儀礼でもっとも重要なのは、成人式、つまりは大人になる過程だけれど、僕にとっては宗教史を受講したこと自体が通過儀礼になったとも言えるね。

そして、今でも、さまざまな物事を通過儀礼として見ていくというやり方は変わっていない。映画の見方について論じた『映画は父を殺すためにある』（ちくま文庫）のサブタイトルは「通過儀礼という見方」だし、非常勤で教えるとき教科書として使っている『教養としての宗教学』（日本評論社）のサブタイトルも、「通過儀礼を中心に」だ。

大学で何が待ち受けているのか

大学では、多くの学生は18歳から22歳までの時期を過ごす。今は、成人年齢が引き下げられているけれど、大学で教えていると、これまで成人年齢とされてきた20歳が、学生が大きく成長する時期と重なっているように思えてくるんだ。20歳を過ぎると、大人どうしの話ができるという感じだろうか。

東大では、その20歳の時期に駒場から本郷に進学する。駒場と本郷では、その雰囲気は大きく違う。駒場は学生が中心だけれど、本郷になると、研究者が中心になる。建物だって、授業に使われる部分よりも、研究に使われる部分の方がはるかに広いからね。

大学で何が待ち受けているのか。いろいろなことが考えられるけれど、この時期に学ぶこと、あるいは経験することは、新鮮なことも多く、後から振り返っても重要な意味を持つことが少なくない。是非、その機会を生かしてもらいたいね。

もっとも、この講義が役に立って、東大に合格してからの話だけれどね。東大ではない別の大学に進むかもしれないし。

後は、自分で頑張ってください。

講義はここで終わり。

おわりに
結果はどうだったのか？

娘は、東大の文科三類を受験した。私とまったく同じ選択である。

文科一類を受けるとずっと言っていたが、最後の段階で変更した。文科三類の方が、その後の選択肢が多いということが理由になっていたようだ。

僕のときは、合格者は大学の構内で掲示された。しかも、当時は氏名が発表された。

ところが今は、構内では発表されず、ネット上で合格者が発表された。氏名ではなく、番号での発表だった。

娘は、そこに自分の番号があるのを発見したものの、信じられなかったらしく、あわてて高校に行き、先生に確認してもらって、ようやく合格を確信したようだ。

私の講義がどれだけ役立ったかは分からないが、見事現役での合格である。たしかに、娘はよく勉強していた。勉強が報われたのは、とてもよいことだ。

しかし、入学後には予期せぬ事態が待っていた。娘は中学から高校にかけてはバレーボール部に所属していて、セッターをつとめていた。

ただ、入学前から大学では続けたくないので、バレーボールのサークルにでも入ろうかと言っていた。

ところがである。

勧誘され、入ったのはアメリカン・フットボール部である。東大にはWARRIORSというチームがある。そのWARRIORSのトレーナーになったのだ。

勧誘されたときには、先輩になんどか食事にも誘われていたものの、すぐには入部しなかった。しかし、先輩の熱心さに負けたのか、最後入部した。

しかも、時間が経つにつれて、部活動に割く時間が増えている。ミーティングなどがあって、帰宅が深夜に及ぶこともある。いわば「部畜」だ。

妻の方も、それまでアメリカン・フットボールにはまったく興味がなかったのに、今はすっかりはまっている。試合があれば応援に出かけていく。私も行くことがあるが、娘はグラウンドで物を運んだりしているだけなので、それほど興味深いとは思えない。

授業はちゃんと受けていて、私なんかに比べれば、はるかにましな成績をとっている。だが、私の文科三類の学生のときの生活とはまるで違う。学問的なところはまるでない。ただ、筋肉のことにはとても詳しくなっている。

娘の方がはるかに青春を謳歌しているのかもしれない。今後いったいどうなるのか。娘の未来は未知数である。

主な参考文献

青木健『ゾロアスター教』講談社選書メチエ
青木健『古代オリエントの宗教』講談社現代新書
愛宕松男・寺田隆信『モンゴルと大明帝国』講談社学術文庫
阿部拓児『アケメネス朝ペルシア　史上初の世界帝国』中公新書
網野徹哉『インカとスペイン帝国の交錯』講談社学術文庫
カレン・アームストロング『聖戦の歴史　十字軍遠征から湾岸戦争まで』塩尻和子・池田美佐子訳、柏書房
新井政美『オスマンvs.ヨーロッパ　〈トルコの脅威〉とは何だったのか』講談社学術文庫
市川裕『ユダヤ教の歴史（宗教の世界史7）』山川出版社
井筒俊彦『イスラーム生誕』人文書院
井筒俊彦『イスラーム文化』岩波文庫
井筒俊彦訳『コーラン』上中下、岩波文庫
伊藤義教『古代ペルシア』岩波書店
マックス・ヴェーバー『プロテスタンティズムの倫理と資本主義の精神』大塚久雄訳、岩波文庫
ミルチア・エリアーデ『世界宗教史』全8巻、中村恭子他訳、ちくま学芸文庫
オーギュスタン・フリシュ『叙任権闘争』野口洋二訳、ちくま学芸文庫
大澤武男『ユダヤ人とローマ帝国』講談社現代新書
大西直樹『ピルグリム・ファーザーズという神話　作られた「アメリカ建国」』講談社選書メチエ
小笠原弘幸『オスマン帝国　繁栄と衰亡の600年史』中公新書
岡田英弘『世界史の誕生　モンゴル帝国の発展と伝統』ちくま文庫

岡田英弘『中国文明の歴史』講談社現代新書
岡田英弘『モンゴル帝国の興亡　軍事拡大の時代』ちくま新書
鎌田茂雄『中国仏教史』岩波全書
鎌田繁『イスラームの深層　「遍在する神」とは何か』NHKブックス
菊地良生『神聖ローマ帝国』講談社現代新書
黒田俊雄『蒙古襲来（日本の歴史8）』中公文庫
小島晋治『太平天国革命の歴史と思想』研文出版
小杉泰『イスラーム帝国のジハード』講談社学術文庫
佐藤正哲ほか『ムガル帝国から英領インドへ（世界の歴史14）』中公文庫
佐藤次高『イスラームの「英雄」サラディン　十字軍と戦った男』講談社選書メチエ
佐藤次高編『イスラームの歴史I　イスラームの創始と展開』山川出版社
島田裕巳『教養としての世界宗教史』宝島社新書
杉山正明『モンゴル帝国と長いその後（興亡の世界史）』講談社学術文庫
杉山正明『モンゴル帝国の興亡』上下、講談社現代新書
嶋田襄平『イスラム教史（世界宗教史叢書5）』山川出版社
関一敏『OD版　聖母の出現　近代フォーク・カトリシズム考』日本エディタースクール出版部
イブン・タイミーヤ『シャリーアによる統治　イスラーム政治論』湯川武・中田考共訳、日本サウディアラビア協会
N・P・タナー『教会会議の歴史　ニカイア会議から第2バチカン公会議まで』野谷啓二訳、教文館
中田考『イスラーム　生と死と聖戦』集英社新書

中田考監修『日亜対訳クルアーン「付」訳解と正統十読誦注解』作品社

橋爪大三郎『アメリカの教会「キリスト教国家」の歴史と本質』光文社新書

林佳世子『オスマン帝国500年の平和』講談社学術文庫

平野聡『大清帝国と中華の混迷』講談社学術文庫

廣岡正久『キリスト教の歴史3 東方正教会・東方諸教会（宗教の世界史10）』山川出版社

アミン・マアルーフ『アラブが見た十字軍』牟田口義郎・新川雅子訳、ちくま学芸文庫

前田耕作『宗祖ゾロアスター』ちくま新書

前田耕作『玄奘三蔵、シルクロードを行く』岩波新書

マーク・マゾワー『バルカン「ヨーロッパの火薬庫」の歴史』井上廣美訳、中公新書

松本宣郎『ガリラヤからローマへ 地中海世界をかかえたキリスト教徒』講談社学術文庫

松本宣郎ほか編『キリスト教の歴史1・2 初期キリスト教～宗教改革／宗教改革以降（宗教の世界史8・9）』山川出版社

南川高志『新・ローマ帝国衰亡史』岩波新書

森谷公俊『アレクサンドロスの征服と神話（興亡の世界史）』講談社学術文庫

山内進『十字軍の思想』ちくま新書

山本由美子『マニ教とゾロアスター教』山川出版社

S・ランシマン『十字軍の歴史』和田広訳、河出書房新社

渡邊昌美『異端審問』講談社現代新書

渡邊昌美『巡礼の道 西南ヨーロッパの歴史景観』中公新書

和辻哲郎『孔子』岩波文庫

輪廻転生　**103-105**, 107-109, 120, 133
ルイ16世　273
ルター，マルティン　38, **255-258**
ルネサンス　196, 248, **252-254**
レオ３世　172
レオ10世　254-256
レオナルド＝ダ＝ヴィンチ　254
レオン３世　177
『歴史』(トゥキディデス)　78
『歴史』(ヘロドトス)　78
レコンキスタ　☞国土回復運動
老子　115-117
老子化胡説　125
ローマ・カトリック教会　14, 38, 54, 95, 97, 158-160, **164-168**, 174, 176, 177, 181, 185-189, 192, 238, **254-262**, 270
ローマ・カトリック教会の五本山　158
ローマ皇帝　**87-91**, **96-98**, 157, 175-177, **185-189**
ローマ帝国　40, 50, 70, 74, 77, **86-98**, 128, **156-159**, **170-175**, 293, 295
ローマ法大全　98
六信五行　146
ロシア革命　**285-287**
ロシア正教会　47, **180-183**, 289
ロシア帝国　182
ロック，ジョン　269
ロマノフ王朝　285
ロンギヌスの槍　192
論語　116,220

わ

ワッハーブ王国　281
ワッハーブ派　**212**, 283

マウリヤ朝　111
禍津日神　65
マケドニア　61, **73-76**
マテオ=リッチ　226
マニ教　22, 47, 59, 132, **162**
「マハーバーラタ」　138
マハヴィーラ　110
マムルーク朝　210,237
マリー=アントワネット　273
マルクス, カール　285-287
マルクス主義　285
マルコ=ポーロ　205
ミケランジェロ　253
密教　134
ミトラ教　47
ミュンツァー　256
ミラノ勅令　94
明　217, **224-227**, 232
民族宗教　**49**, 52
ムアーウィヤ　152
ムガル帝国　140, 232, **239-242**
ムハンマド　21, **143-146**, 149, 151, 212
明白な天命　270
メキシコ征服　242
メソポタミア　59
メッカ　210, 237, 283
メディア王国　60
メディチ家　252-254
メディチ, コジモ・デ・　252
メディナ　210, 237, 283
メフメト2世　235
孟子　224
モーセの十戒2番目の戒め　178
モスクワ大公国　182
本居宣長　65
モンゴル帝国　88, 134, **200-214**, 223, 233, 282, 294, 295
文殊皇帝菩薩　227

や

柳川啓一　300
ヤハウェ　52
ユーラシア　205
ユグノー戦争　261
ユスティニアヌス1世(大帝)　98, 236
ユダヤ教　21, **45-46**, **49-52**, 92-94, 98, 101, **144-147**, 150, 159, 163, 165, 178, 250, 296
ユダヤ法　98
幼児洗礼(キリスト教)　18, 258
雍正帝　227
ヨーガ　110, 133
予定説　259
ヨハネによる(の)黙示録　93, 159
『悦ばしき知識』　279

ら

「ラーマーヤナ」　138-140
ライクリッキ　275
ライシテ(政教分離)　274
ラス=カサス　267
ラテン帝国　172,196
ラファエロ　254
ラマ教　134
ランゴバルト王国　157
リキウス帝　94
利子の禁止　147, 198, **250-252**, 282
リディア王国　60
信仰復興運動(リバイバル)　272
龍樹　122, 134

ハディース　**145**, 212, 281
ハマスパスマエーダヤ　63
ハラハー　145
バラモン教 47, 52, 101, **106-108**, 110, 112, 120, 137, 138
バリ・ヒンドゥー　49
パルメニデス　80
ハンチントン, サミュエル・P　14
東ゴート王国　157
東ローマ帝国(ビザンツ帝国)　88, 157, **170-179**, 190, 196, 201, 235
ピサロ　246
ピタゴラス　78
ヒッポクラテス　78
卑弥呼　91,114
白蓮教　223
ピューリタン(清教徒)　270
ピルグリム=ファーザーズ　270
ヒンドゥー教　17, 22, 23, 45, 49, 52, 101, 110, **112**, **137**, 140, 240-242
ヒンドゥー・ナショナリズム　53
フィリポス２世　73
福音書　92
福音派(福音主義)　16, **272**, 289
フサイン　152
「扶清滅洋」　228
仏教　16-18, 22, 24, 43, **45-50**, 52, 101-105, **108-113**, **115-126**, **128-138**, 162, 165, 167, 204, 208, 213, 217-219, 223-225, 240, 289, 293
仏教公伝　115
仏教と儒教・道教との融合　136
仏教の消滅(インド)　136
「仏国記」　130
ブッダ(ガウタマ=シッダールタ) **108-112, 118-124**, 134
ブッダの悟り　109, 118, 122, **123**
仏典　108, **109**, 129, 131
部派仏教　22, 48, **119-121**, 123
フビライ=ハン　206,208
フラグ　208
プラトン　78-81
ブラフマー　112
フラワシ　**61-64**
フランク王国　157
フランシスコ=ザビエル　128, **244**
フランス革命　272-274
プレスター・ジョンの伝説　201
『プロテスタンティズムの倫理と資本主義の精神』 260
プロテスタント　16, 22, 38, 47, 167, **257-262**, 276
フロンティア　269
『文明の衝突』 14
ペテロ　192,253
ペルシア戦争　61, 73, 78
ベルリンの壁の崩壊　288
ヘレニズム文化　74
ヘロドトス　78
ペロポネソス戦争　73, 78
ペロポネソス同盟　73
法華経　134, 213
菩薩信仰　120
法顕　130,136
法相宗　134
ポリス　72-73
梵我一如　110

ま

マアムーン　153

知恵の館　153
地中海貿易　196
地動説　254
チベット仏教　48, **134**, 208, 219, 223, 227, 288
朝貢　**219-221**, 225
チンギス=ハン　201,202
ツァーリ(皇帝)　182
『ツァラトゥストラはかく語りき』　57, 278
ディオクレティアヌス帝　90
帝国　40, 53, 60, **88-89**, 157, 204, 234, 238, **293-295**
帝国維持の原理　97
帝国主義　89, 283, 284
ティムール　240
鉄砲伝来　226, 244
テムジン　202
デロス同盟　73
天職　260
伝染病　246, 249, 266
天台宗　134
天動説　254
ドイツ農民戦争　256
トゥキディデス　78
道教　15, 45, 49, 52, 101, 102, **115-118**, 125, 134, 136, 204, 217, 223, 225
同時多発テロ(9・11)　14,213
道昭(道照)　132,134
『東方見聞録』　205,206
東方典礼カトリック教会　181
トーラー　144
徳治主義　220
独立宣言(アメリカ)　269
突厥　202
トマス=アクィナス　**82, 83**, 192, 197
トルコ共和国　236, 275

な

ナーガルジュナ　☞龍樹
ナーナク　240
ナショナリズム　53, 140
７つの秘跡　**164**, 257, 258
ナポレオン１世　276
南都六宗　134
南北戦争　271
ニーチェ, フリードリヒ　57, **278**
二月革命　285
ニケーア公会議　**94**, 158, 175
ニケーア公会議(第2回)　95,179
西インド諸島　245
西ゴート王国　157
西ローマ帝国　88, **157**, 170
日蓮　213
日蓮主義　214
日清戦争　229
「入唐求法巡礼行記」　135
ヌルハチ　226
ネストリウス派(景教)　**132**, 135, 154
ノヴゴロド国　180

は

バーブル　240
パールシー　68
拝火教　63
廃仏　134-136
ハインリヒ４世　188
パウロ　**50**, 93, 128, 163
ハギア=ソフィア聖堂　236

諸子百家　117
叙任権闘争　187-189
清　216, 224, **227-229**
辛亥革命　229
神学　82, 83, **197**
人権宣言　273
信仰告白(イスラーム教)　19,147
真言宗　134
神聖ローマ帝国　88, 172, **184**, 188
新大陸　245, 249, **264-270**
神道　**17**, 44, 52, 77, 165
人頭税　242
新バビロニア王国　60
神話　77, 90, 108, **138-140**
神話とナショナリズム　140
スコラ学　**82**, 197, 251, 282
スパルタ　73
スペイン王国　243
スルタン　**233**, 237
スルタンアメフト=モスク　236
スレイマン=モスク　236
スンナ派　22, 48, **151-152**, 210, 237
聖遺物(崇敬)　**191-193**, 259
聖公会　48
聖書　139, 144, 254, 272
聖書〔旧約〕　160, 191, 253
聖書〔新約〕　**92**, 144, 159, 163
聖書〔ドイツ語訳〕　257
聖職売買　186,187
聖像禁止令　177-179
正統カリフ　151
正統教義　95
聖なるロシア　182
世界宗教　**44**, 49, 50, 77, 101, **293**
世俗内禁欲　260
セルジューク朝　190
セルビア正教　47
善悪二元論　**64-66**, 162-164
千戸制　203
禅宗　133
全地公会議　95
宋　204,221,224
ソヴィエト(評議会)　285
ソヴィエト連邦崩壊　289
総主教　177
曾静　227
創世記　144,160
ソクラテス　78
ソフィア　182
ゾロアスター教　47, 49, 52, **56-68**, 132, 162, 278

た

大覚醒　272
大航海時代　226, 232, **242-246**, 249-251, 264
大乗仏教　22, 48, **118-122**, 134, 213
大秦《たいしん》景教流行中国碑　132
「大唐西域記」　130
太平天国　228
太平道　40
ダヴィデ王　253
多神教 **50-53**, 76, 81, 90, 96, 101, 112, 139, 150, 296
タタールのくびき　**181**, 202
ダライ＝ラマ　**219**, 288
ダライ＝ラマ14世　288
ダレイオス１世　60
ダレイオス３世　74
タレス　78, 80

コンスタンティヌス帝　94-96, 175
コンスタンティノープル　**158**, 171, 174, 180, 182, 196, 235
コンスタンティノープル総主教庁　174, 235
コンスタンティノス11世　182
コンスル(執政官)　87
坤輿《こんよ》万国全図　226

さ

最後の審判　**93**, 159, 287
祭祀王　91
最澄　134
「西遊記」　130
サウード家　281
サウジアラビア　212, 281, **283**
サトラップ(知事)　61
サファヴィー朝　237
ザラスシュトラ(ツァラトゥストラ)　57, 278
サラディン(サラーフ＝・アッディーン)　194
サン・サルバドル島　244, 245
『三大陸周遊記』　207
サンバルテルミの虐殺　262
サン＝ピエトロ大聖堂　192, **253**, 254
三位一体　62, **96**, 163, 258
三論宗　134
シーア派　22, 48, 59, **151-153**, 209-211
シヴァ　112
色目人　223
シク王国　240
シク教　101, **240**
『自然について』　80
四諦八正道　118
士大夫　223, 226
使徒行伝　93
ジハード(聖戦)　**149**, 195, 211
ジャーティ　105-107
ジャイナ教　101, **110**, 112
釈迦　52
社会主義　**285-288**
シャリーア　☞イスラーム法
宗教改革　38, **254-262**, 270
「宗教は阿片」　287
13の植民地　269
十字軍　15, 54, **189-196**, 233, 270, 276, 282
十字軍(第1回)　189-193
十字軍(第2回・第3回)　193
十字軍(第4回)　171,196
十字軍(第5回)　200
修道院　**167**, 186
12世紀ルネサンス　**196**, 248
10分の1税　186
終末論　**159**, 287
朱熹(朱子)　225
儒教　15, 45, 49, 52, 101, 102, **115-118**, 125, 135, 136, 204, **217-229**
朱元璋(洪武帝)　224
朱子学　224
出家　109, **119**, 138
荘園　167, **186**
商業革命　246
小乗仏教　118
生天　104, 133
浄土宗　133,213
贖罪　**165**, 190, 253, 257
贖宥状(免罪符)　38, **255**

カルヴァン派　261, 270
カルケドン公会議　**158**
カルバラーの戦い　152
ガンジー, モハンダス=カラムチャンドー　110
漢訳仏典　129,131
キーフ公国　180
義浄　130
キプチャク=ハン国　181
九十五カ条の論題　255
キュロス2世　60
教皇(ローマ教皇)　97, 158, 166, 174, 178, 181, **185-190**, 192, 201, 257
『共産党宣言』　286
共和制(ローマ)　86,172
ギリシア神話　77
ギリシア正教会(東方正教会)　22, 47, 95, 159, 164, 166, 167, **173-182**, 235, 238, 258, 288
ギリシア哲学　**70-84**, 124, 154
キリスト教　**14-23**, 40, **45-54**, 62, 81-84, **90-98**, 101, 123, 128, 132, 143, 144, 147, 154, **156-168**, **173-197**, 201, 217-219, 226, 228, 234, 238, 243, **248-262**, 267, 271-274, 279, 282, 287-291, 293, 295, 296
キリスト教美術　253
義和団　228
金　202
空海　134
偶像崇拝　44, **178**, 240
グーテンベルク　254
クシャーナ朝　112,138
求法　129-131
鳩摩羅什　131
グレゴリウス7世　187
クレルモン宗教会議　190
啓典の民　**150**, 154, 239
華厳宗　134
解脱　**104**, 109, 118, 133, 137
結集　121
血盟団　214
元　206-208, 217, **223**
祆教　59,132
原罪　**160-165**, 250, 253, 296
玄奘　**130-132**, 134, 136
現世否定　107
乾隆帝　228
元老院　87
後ウマイヤ朝　153,242
康熙帝　228
紅巾の乱　223
黄巾の乱　40
孔子　52,115,116,220
洪秀全　228
皇帝教皇主義　175
皇帝崇拝　90, 91
公民権運動　271
コーラン　50, 139, **145-147**, 212, 281
後漢　40
黒死病(ペスト)　249
黒人奴隷貿易　268
国土回復運動　243
国民議会(フランス)　273
ゴスペル　271
国家神道　53
コペルニクス　254
コルテス　246
コロンブス　206, 243-246
コロンブス交換　266

イスラーム革命　143,274
イスラーム教　**13-23**, **45-54**, 59, 68, 82, 84, 96, 98, 101, 102, 123, 136, 140, **142-154**, 165, 174, 178, 190, 193-196, **200-213**, 217, **234-243**, 248-250, 274, 281-283, 289, 293-296
イスラーム金融　148
イスラーム原理主義　212
イスラーム帝国　88, 153, 158, 178, 234, 293
イスラーム法(シャリーア)　98, **145**, 148, 234, 239, 242, 275, 281
異端　95,178
一神教　21, **50-54**, 76, 96, 101, 109, 123, 139, 144, 198, 250, 296
イデア　80-82
イブン=アブドゥル=ワッハーブ　281
イブン=タイミーヤ　**210-214**, 281
イブン=バットゥータ　206
イル=ハン国　208-211
磐座信仰　204
『インディアスの破壊についての簡潔な報告』　267
インディオ　245
ヴァルナ制　105
ヴィシュヌ　112
ヴェーダ　106
ヴェーバー, マックス　260
ヴォルムス協約　189
ウクライナ正教　47
ウスマーン　151
ウパニシャッド　110
ウマイヤ朝　50,152
ウマル　151
ウラディミル1世　180
ウラマー　146,210
ウルバヌス2世　189-191
ウンマ　148-151
エウクレイデス　78
易姓革命　224
エジプト王国(古代)　60
エフェソス公会議　132
円空　135
エンゲルス, フリードリヒ　285
オイル・ショック(石油危機)　284
王権神授説　166
オクタウィアヌス　87
オスマン帝国　89, 172, 174, **232-239**, 275, 282
オットー1世　172,185
オリエント　47, 59, 68
オリンポス12神　76

か

カースト制度　**105**, 137, 240
カール大帝　172
カールの戴冠　172
華夷思想　**219**, 222, 227
会昌の廃仏　135
科挙　116, **221**, 224-227
ガザン=ハン　208-211
カスティリャ王国　243
活版印刷術　254
カトリック(教会)　16, 18, 22, 38, 47, 54, 95-97, **156-168**, 174-177, 181, 185-192, 238, **254-262**, 290
カノッサの屈辱　188
「神は死んだ」　57, 278-280
カリフ　**149-152**, 210, 237
カルヴァン　259

索　引

凡例

i．配列は、読みを仮名書きした50音順とし、音引きは直前字の母音と同じものとして並べた。

ii．事項・人名・文献ともに、本文のテーマと密接に関係するものを挙げた。

iii．見出し語に関して、複数頁あげられているものについては、本文上部の小見出しに上がっている項目など、詳しい記述がある箇所を太字とした。

iv．頁数は、説明が2頁にまたがる場合、内容が辿れる際には先頭頁のみ記した。

v．「註／コラム」内は割愛した。

あ

アーシューラー　152
アーリマン　52, 66
アイユーブ朝　210
アヴェスター　66
アウグスティヌス　161-163
アウグストゥス　88
アウラングゼーブ　242
アクバル　241
アケメネス朝　**58-61**, 73-75, 88
アショーカ王　111
アタナシウス派　95
アダムとイブの物語　160, 163
アッシリア王国　60
アッバース朝　50, 153, 180, 203, 210
アッラー　21
アテネ　73
アブー＝バクル　151
アブラハム（イブラーヒム）　144
アフラ＝マズダ　52, 66
アヘン戦争　228
アメリカ合衆国　71, 269, 290
アラゴン王国　243
アリー　151
アリウス派　95
アリストテレス　79, 82, 197
アルキメデス　78
アレクサンドリア（エジプト）　74, 158, 174
アレクサンドロス大王　61, **73-75**, 82, 89
アレクシオス１世　190
アロー戦争　228
イヴァン３世　182
イエス・キリスト　21, 50, 62, **92**, **96**, 159, 192, 253
イエズス会　244
イェルサレム　**21**, 54, 190, 193-196
イェルサレム王国　193
イギリス国教会　270
イコノクラスム　178
イコン　179
イザベル女王　243

島田裕巳（しまだ・ひろみ）

1953年、東京都生まれ。作家、宗教学者、東京女子大学・東京通信大学非常勤講師。東京都立西高等学校卒業。東京大学文学部宗教学宗教史学専修課程卒業。東京大学大学院人文科学研究科博士課程修了。放送教育開発センター助教授、日本女子大学教授、東京大学先端科学技術研究センター特任研究員を歴任。幼少期を、東京都杉並区和田で過ごす。学生時代に宗教学者の柳川啓一に師事し、とくに通過儀礼（イニシエーション）の観点から宗教現象を分析することに関心をもつ。新宗教の研究では第一人者として、旺盛な著述活動を行う。主な著書に、『創価学会』（新潮新書）、『日本の10大新宗教』『葬式は、要らない』（幻冬舎新書）、『日本の新宗教』（角川選書）、『日本の宗教と政治』（千倉書房）、『0葬』（集英社）、『性と宗教』（講談社現代新書）、『宗教対立がわかると「世界史」がかわる』（晶文社）、『教養としての世界宗教史』（宝島社新書）など。『葬式は、要らない』は30万部のベストセラーに。共著に『世界はこのままイスラーム化するのか』（中田考との共著、幻冬舎新書）、『政治と宗教』（前川喜平との共著、徳間書店）など。

島田裕巳の世界宗教史入門講義
世界史が苦手な娘に宗教史を教えたら東大に合格した

二〇二三年四月一八日　初版第一刷発行

著　者……島田裕巳
発行者……明石健五
発行所……株式会社　読書人
東京都千代田区神田神保町一－三－五　〒一〇一－〇〇五一
電話〇三－五二四四－五九七五　ファクシミリ〇三－五二四四－五九七六
https://jinnet.dokushojin.com/　メール info@dokushojin.co.jp

組　版……汀線社
装　幀……水戸部功
印刷・製本……モリモト印刷

使用書体：ヒラギノ明朝体＋游築五号仮名
 ISBN978-4-924671-58-4 C0014

〔表からのつづき〕

キリバス　キリスト教97(主にカトリック、プロテスタント)
クック諸島　キリスト教98(主にプロテスタント)
サモア　キリスト教97(カトリック、メソジスト、モルモン教等)
ソロモン諸島　キリスト教95(主にカトリック)
ツバル　キリスト教97(主にプロテスタント)
トンガ　キリスト教95(プロテスタント、モルモン教等)
ナウル　キリスト教が多数(主にプロテスタント)
ニウエ　キリスト教90
ニュージーランド　キリスト教37/ヒンドゥー教3/イスラーム教1
バヌアツ　キリスト教83
パプアニューギニア　主にキリスト教(カトリック28/プロテスタント23/その他)/伝統宗教
パラオ　キリスト教80/伝統宗教ほか20
フィジー　キリスト教53/ヒンドゥー教38/イスラーム教8
マーシャル　キリスト教98(主にプロテスタント)
ミクロネシア　プロテスタント55/カトリック39

北米

アメリカ合衆国　プロテスタント42/カトリック21
カナダ　キリスト教53

南米

アルゼンチン　カトリック71/プロテスタント15/ユダヤ教2
アンティグア・バーブーダ　キリスト教90(英国国教会/プロテスタント/カトリック)
ウルグアイ　カトリック42/プロテスタント15/ユダヤ教3
エクアドル　カトリック79/プロテスタント13
エルサルバドル　カトリック50/プロテスタント36
ガイアナ　キリスト教66/ヒンドゥー教25/イスラーム教6
キューバ　キリスト教59/伝統宗教17
グアテマラ　カトリック50/プロテスタント41
グレナダ　カトリック60/プロテスタント39
コスタリカ　カトリック62/プロテスタント25
コロンビア　カトリック79/プロテスタント13
ジャマイカ　プロテスタント61/カトリック4
スリナム　キリスト教52/イスラーム教15/ヒンドゥー教20
セントビンセントおよびグレナディーン諸島
　英国国教会47/プロテスタント28/カトリック13
セントクリストファー・ネービス　プロテスタント85/カトリック7
セントルシア　キリスト教90(主にカトリック)
チリ　カトリック64/プロテスタント17
ドミニカ国　キリスト教90(カトリック/プロテスタント)
ドミニカ共和国　カトリック57/プロテスタント23
トリニダード・トバゴ　カトリック22/英国国教会6/ヒンドゥー教18/イスラーム教5
ニカラグア　カトリック50/プロテスタント40
ハイチ　キリスト教95(主にカトリック)
パナマ　カトリック70/プロテスタント19
バハマ　プロテスタント36/英国国教会23/カトリック23
パラグアイ　カトリック89/プロテスタント7
バルバドス　プロテスタント66/カトリック4
プエルトリコ　カトリック56/プロテスタント33
ブラジル　カトリック61/プロテスタント26
ベネズエラ　カトリック73/プロテスタント17
ベリーズ　カトリック50/プロテスタント27
ペルー　カトリック76/プロテスタント17
ボリビア　カトリック77/プロテスタント16
ホンジュラス　カトリック46/プロテスタント41
メキシコ　カトリック81/プロテスタント9

　外務省、国土交通省、法務省、公安調査庁、国在日大使館、unicef、日本貿易振興機構(ジェロ)、アフリカ日本協議会、愛知県国際交流協Religion Facts、Pew Research Centerなどのホムページと調査資料、『改訂新版 世界大百科事(平凡社)を参考にした。

　各国・地域の分類は外務省HPに拠った。宗教割合(パーセンテージで表記)は、参照元の調査年に拠って異なる。各宗教の各宗派(例:カトリッ／スンナ派など)は、割合が明瞭な場合は数値をし、混在する場合は当該宗教名のみをあげた。ーロッパ各国の正教会は「正教」に統一した。

　また「世界宗教分布概略図」作成にあたって上記資料に加えて、The language Wikipediaの「TReligions of the World」、および「maps Russia」(httpsja.maps-russia.com)を参照した。　(編集

字はパーセンテージ）

中央アフリカ　カトリック25/プロテスタント25/イスラーム教15/伝統宗教24
チュニジア　イスラーム教98（スンナ派）
トーゴ　伝統宗教67/カトリック18/イスラーム10/プロテスタント5
ナイジェリア　イスラーム教54/キリスト教46
ナミビア　キリスト85/伝統宗教15
ニジェール　イスラーム教90（スンナ派が大半）/伝統宗教ほか10
ブルキナファソ　伝統宗教57/イスラーム教31/キリスト教12
ブルンジ　カトリック65/プロテスタント10/伝統宗教23
ベナン　イスラーム教28/カトリック26/プロテスタント14/ブードゥー教12
ボツワナ　キリスト教72/伝統宗教6
マダガスカル　キリスト教41/伝統宗教52/イスラーム教7
マラウイ　キリスト教75/イスラーム教20/伝統宗教5
マリ　イスラーム教80/キリスト教3/伝統宗教2
南アフリカ　キリスト教80/伝統宗教2
南スーダン　キリスト教61/伝統宗教33
モザンビーク　キリスト教40/イスラーム教20/伝統宗教
モーリシャス　ヒンドゥー教52/キリスト教30/イスラーム教17
モーリタニア　イスラーム教99（スンナ派）
モロッコ　イスラーム教99（スンナ派）
リビア　イスラーム教97（スンナ派）
リベリア　キリスト教85/イスラーム教12
ルワンダ　キリスト教94/イスラーム教5
レソト　キリスト教90（カトリック中心）

アジア

インド　ヒンドゥー教80/イスラーム教14
インドネシア　イスラーム教87/キリスト教11
カンボジア　仏教97/イスラーム教2
シンガポール　仏教43/イスラーム教13/キリスト教15
スリランカ　仏教70/ヒンドゥー教13/イスラーム教10/キリスト教6
タイ　仏教94
大韓民国　仏教43/キリスト教30（プロテスタント/カトリック）/儒教
台湾　仏教35/道教33
中国　民間信仰74/仏教15/キリスト教3
朝鮮民主主義人民共和国　不明
日本　仏教+神道
ネパール　ヒンドゥー教81/仏教9
パキスタン　イスラーム教96（スンナ派が大半）
バングラデシュ　イスラーム教88
東チモール　キリスト教99（カトリックが大半）
フィリピン　カトリック83/その他キリスト教10/イスラーム教5
ブータン　チベット系仏教75/ヒンドゥー教23
ブルネイ　イスラーム教81/仏教7/キリスト教7
ベトナム　仏教50/カトリック7/プロテスタント2/カオダイ教3
マレーシア　イスラーム教64/仏教19
ミャンマー　仏教90
モルディブ　イスラーム教99（スンナ派）
モンゴル　チベット仏教等52
ラオス　仏教60/伝統宗教30

大洋州

オーストラリア
キリスト教44（カトリック20/聖公会10/その他）/イスラーム教3/仏教2

〔裏へつづく〕

なぜ世界史に宗教の知識が必要なのか　第1講
東大の入試をどのように考えればいいのか　第2講
世界の宗教は一神教と多神教に分けられる　第3講
アケメネス朝ペルシアとゾロアスター教　第4講
ギリシア哲学は後世に多大な影響を与えることになる　第5講
ローマ帝国が広めたキリスト教　第6講
古代におけるインドの宗教史　第7講
古代における中国の宗教　第8講
仏教は中国化しインドからは消滅する　第9講
イスラーム教の誕生とイスラーム帝国の拡大　第10講
西ヨーロッパとローマ・カトリック教会の成立　第11講
ギリシア正教会と聖なるロシア　第12講
叙任権闘争と十字軍　第13講
モンゴル帝国と宗教　第14講
中国の変遷と華夷思想　第15講
新たな帝国の誕生と大航海時代の到来　第16講
ルネサンスと宗教改革　第17講
新大陸と革命の時代　第18講
近代の世界と宗教　第19講
宗教は世界史とどうかかわるのか　第20講